MES PHILOSOPHES

La liste des ouvrages publiés par l'auteur
se trouve en page 187.

Edgar Morin

Mes philosophes

Pluriel

Ouvrage publié dans la collection Pluriel
sous la responsabilité de Joël Roman

Couverture : Delphine Delastre
Illustration © Catherine Gugelmann / Opale / Leemage
ISBN : 978-2-818-50341-6
Dépôt légal : avril 2018
Librairie Arthème Fayard/Pluriel, 2013.

Ouvrage paru dans la collection « Cercle de philosophie ».

Je remercie Jean Tellez qui m'a proposé de faire ce livre et m'a grandement aidé dans sa finalisation, ainsi que Jean-Louis Le Moigne pour sa relecture attentive.

Mes philosophes

Pourquoi ai-je accepté la demande que m'a faite Jean Tellez de concevoir un livre sur mes philosophes ? Sans doute pour revisiter les esprits qui m'ont formé et nourri, ainsi que reconnaître ma dette multiple à leur égard. Cette dette est pour moi fondatrice car, né à la vie et à la pensée sans vérité première ni héritage intellectuel, ce sont des penseurs, non seulement réputés philosophes, mais aussi historiens, écrivains, poètes qui m'ont nourri.

Effectivement, ma famille ne m'a transmis aucune vérité, aucune culture sinon un amour de la musique, chansonnette chez mon père, bel canto chez ma mère. Mes parents immigrés en France ne venaient pas d'une nation, mais d'une cité au sein de l'empire ottoman, Salonique, peuplée en majorité de séfarades parlant le vieil espagnol et aussi le français, sans avoir reçu une citoyenneté turque. Je suis donc né sans nation en héritage. Je me suis enraciné dans la culture et la citoyenneté françaises, puis avec le temps, j'ai découvert et nourri mes multiples racines méditerranéennes, ibérique, italienne, balkanique.

Je n'ai pas reçu de vérité religieuse de ma famille très laïcisée. La seule religion pour mon père, qui avait cinq frères et sœurs, était celle de la solidarité familiale, laquelle a disparu avec ma génération de fils uniques. De fait, je n'ai pas disposé de système « immunologique » mental me permettant de rejeter des idées non conformes à l'héritage culturel, puisque celui-ci n'existait pas.

Cela m'a poussé à chercher moi-même mes vérités dans les sources les plus diverses. J'ai été animé et réanimé sans cesse par la question de Kant : « que puis-je savoir ? », à laquelle j'ai d'ailleurs toujours associé le « que sais-je ? » de Montaigne. Ces interrogations ne m'ont pas quitté.

Mon besoin de connaissance s'est intensifié dans les conditions d'un deuil horrible à l'âge de dix ans puis d'une solitude au sein de ma famille. Cela m'a plongé dans un état contradictoire, fait de désespoir irrémédiable et d'espoir irrépressible, d'où sont nés mes quatre « démons » antagonistes/complémentaires : le doute rongeur et la recherche d'une foi, la rationalité et le mysticisme. Appelés à la vie par l'événement fondamental que fut la mort de ma mère, ils surgissent à la moindre occasion, tels des djinns des *Mille et une nuits*, et ils sortent aussi l'un de l'autre. Chacun est porteur de sa vérité, pourtant contraire à celle des autres.

Cela m'a fait conserver à l'âge adulte, et jusqu'à aujourd'hui, une curiosité enfantine, antérieure à la mort de ma mère[1], entretenue par l'absence de vérité reçue. J'ai été ainsi poussé à élaborer une pensée apte à reconnaître et à affronter sans cesse des contradictions, là où

1. Je ne sais si j'avais trois ou quatre ans, j'étais encore dans mon petit lit d'enfant protégé par une sorte de grille (barrière ?) métallique pour m'empêcher de tomber. Ce lit était dans la chambre à coucher de mes parents et mes petits souliers étaient sous la cheminée, car c'était le soir de Noël et mes parents m'avaient assuré que le père Noël viendrait dans la nuit déposer des jouets dans mes souliers. Puis mes parents étaient partis faire la fête. Je me suis contraint à rester éveillé jusqu'à la fin de la nuit, pour vérifier s'il y avait bien un père Noël, et au petit matin je vis mes parents marcher sur la pointe des pieds et déposer les jouets sur mes souliers ; je ne leur ai rien dit de ma découverte, les laissant à l'illusion de mon illusion.

la pensée « normale » ne voit que des alternatives, et à découvrir mes vérités chez des penseurs qui se nourrissent de contradictions : Héraclite, Pascal, Hegel et Marx. De même je serai sensible à la philosophie chinoise du Tao, la « Voie », exposée dans le *Tao Te King* attribué à Lao Tseu ; j'intégrerai la conception des principes en fait contradictoires autant que complémentaires du *yin* (le négatif, le féminin, la lune, le sombre, le froid) et du *yang* (le positif, le masculin, le soleil, la clarté, la chaleur) dans l'*uni-dualité* (notion qui s'est imposée à moi) de l'être.

J'ai été de ce fait très influençable, très sensible à la part de vérité que me semblaient contenir les arguments les plus divers ou contradictoires, et par là je retrouvais sans cesse mes contradictions. Je m'acheminais inconsciemment vers la complexité, c'est-à-dire la conciliation et la complémentarité des idées soit antagonistes, soit séparées les unes des autres.

Adolescent, j'ai été ainsi séduit par l'idée de la lutte sur deux fronts (à l'époque ces deux fronts étaient le fascisme et le communisme stalinien, aujourd'hui mes deux fronts sont les deux barbaries, celle du calcul glacé et du profit déchaîné, celle des dogmatismes et fanatismes).

Je me suis dirigé très tôt vers les auteurs qui reconnaissent et assument les complexités humaines, les trouvant d'abord dans la littérature, dans Dostoïevski surtout, et dans d'autres écrivains russes comme Tolstoï, Tourgueniev, Tchékhov, puis dans Proust et Roger Martin du Gard. Celui qui est resté pour moi le plus présent et illuminant est Dostoïevski. Mon sens de la complexité humaine doit beaucoup aux bouleversants personnages des *Frères Karamazov*, des *Possédés* ou de *Crime et Châtiment*. Et c'est dans ce dernier livre, lu en premier, que j'ai acquis la compassion pour les humiliés et offensés ainsi que l'idée que la rédemption du criminel est toujours possible.

Jeune homme, j'avais le sentiment aigu des complexités historiques. Il faut dire que mes années d'adolescence correspondent aux époques indécises et angoissantes des années 30. J'ai douze ans quand Hitler accède au pouvoir, dix-sept ans au moment du Front populaire, du début de la guerre d'Espagne et des premiers grands procès de Moscou. Comme beaucoup de ma génération, je me suis éveillé à la conscience en même temps qu'à la crise de la politique et aux interrogations sur l'Histoire. Celle-ci était alors en transe, puis elle s'est déchaînée et, comme tant d'autres, elle m'a emporté dans ses fureurs autant que dans ses aléas. Mon sens de la complexité et des incertitudes de l'Histoire fut renforcé grâce à l'enseignement de Georges Lefebvre, professeur d'histoire de la Révolution française à la Sorbonne, qui m'a apporté en 1939, à dix-huit ans, deux enseignements capitaux. Le premier : celui que les conséquences des actions historiques sont souvent contraires aux intentions de leurs décideurs ; cette idée fécondera plus tard ma conception de l'écologie de l'action. Le second : celui de la rétroaction du présent sur la connaissance du passé. Georges Lefebvre nous enseignait que chaque époque ultérieure de l'histoire de France avait produit, selon l'expérience de son présent, une conception différente de la Révolution. Cela montrait que toute connaissance devait être historicisée et qu'il n'existait pas de point de vue absolu pour l'observation. C'est à partir de cette idée, retrouvée chez Rickert via Raymond Aron, que j'ai développé bien plus tard la socio-écologie de la connaissance[1], puis au-delà, grâce à d'autres influences, dont celle d'Heinz von Foerster, l'idée devenue centrale chez moi que l'observateur doit s'observer dans son observation, que la connaissance d'un objet doit

1. Cf *La Méthode*, tomes 3 et 4.

comporter la connaissance du connaisseur, que toute connaissance doit comporter son auto-connaissance.

Au cours de mes années de guerre et de Résistance, j'ai fait la découverte de Marx, puis est venue l'illumination hégélienne, qui m'a révélé que l'affrontement des contradictions était une nécessité vitale de la pensée. J'ai compris par la suite cette autre vérité hégélienne qu'il y a un autre concret que celui de l'expérience existentielle, c'est celui de la complexité qui perçoit les diverses faces, y compris contradictoires, d'une même réalité. Les tendances de mon esprit, ainsi fécondées par Hegel, ont pu naturellement concevoir comme complémentaires les Lumières et le Romantisme[1], Voltaire et Rousseau, Kant et Hegel, Hegel et Kierkegaard, la rationalité scientifique et le surréalisme (dont mon ami Dionys Mascolo m'a fait connaître l'importance, et l'idée surréaliste que la poésie doit être vécue s'est épanouie en moi dans ma conception de la vie humaine bipolarisée entre prose et poésie). Alors que nous étions étudiants résistants en 1942, nous étions illuminés, mon ami Jacques-Francis Rolland et moi-même, par Rimbaud et surtout la *Saison en enfer* qui exprimait de façon sublime tous les secrets de l'adolescence dont la nôtre, et

1. Je comprendrai que le projet des Lumières, qui comporte irremplaçablement la rationalité critique et l'autonomie de l'esprit, l'essor extraordinaire de la science comporte aussi la foi aveugle dans le progrès, la maîtrise de la nature, et, envisagé seul, conduit à une rationalité abstraite et mutilée. Il m'apparaîtra que l'enjeu vital est de dépasser les Lumières, au sens hégélien de *aufheben,* ce qui signifie qu'il faut intégrer les Lumières, tout en les complémentant par l'affectivité, la sensibilité, le sens mystique de la nature, le sens humaniste de la communauté propres à Rousseau et que le premier romantisme développera. En fait, il n'y a pas de raison pure, il n'y a pas de rationalité sans affectivité, comme il n'y a pas de prose sans poésie. Comme Pascal a dit que la vraie philosophie se moque de la philosophie (et la vraie morale de la morale), il nous faut dire que la vraie raison doit se moquer de la raison seule (abstraite, calculatrice, close).

qui donnait tout leur sens poétique et exaltant à notre révolte et nos aspirations : « Recevons tous les influx de vigueur et de tendresse réelle. Et à l'aurore, armés d'une ardente patience, nous entrerons aux splendides villes. [...] *Il me sera loisible de posséder la vérité dans une âme et un corps.* »

Ainsi j'ai été animé par la volonté d'entrelacer autant que possible philosophie, science, littérature, poésie, et, bien avant que m'apparaisse la nécessité impérieuse d'utiliser ce terme, je cherchais la complexité, ce qui signifie intégrer à la fois les multiples dimensions d'une même réalité, dont la réalité humaine, les incontournables contradictions et les inéliminables incertitudes.

En 1949, à vingt-huit ans, quand je travaille à *L'Homme et la mort*, je découvre et intègre Freud, Rank, Ferenczi, les apports des multiples sciences humaines, des philosophies et de la biologie. Dans ce livre j'ai pu donner libre cours à ma faim omnivore de connaissances, en même temps j'y ai forgé ma transdisciplinarité et développé mon autonomie de pensée. Du reste, même dans ma jeunesse marxiste j'étais assimilateur et ouvert à toutes les influences.

Mon cheminement intellectuel et le travail sur des problématiques nouvelles m'ont fait découvrir de nouveaux auteurs dont j'ai subi l'influence et intégré l'apport. Le lecteur les verra dans ce livre. Il y eut deux périodes cruciales dans ce cheminement : 1956-58 et 1968-70[1].

Les années 56-58, qui sont celles du rapport Khrouchtchev, de l'Octobre polonais, de la révolution hongroise et de sa répression, puis du putsch d'Alger, de l'effondrement de la IVe République et de la venue de de Gaulle au pouvoir, sont celles de ma revue *Arguments* où avec

1. Et trois « réorganisations génétiques », comme je le précise ci-après.

mes amis nous entreprenons une réinterrogation du marxisme et plus largement une réinterrogation généralisée sur tous problèmes. C'est au cours de cette période que je reçois l'apport de penseurs de l'école de Francfort, notamment Adorno, Horkheimer et Marcuse, celui du second Heidegger à qui j'emprunte la notion d'ère planétaire pour caractériser notre temps de mondialisation. Puis après le sabordage d'*Arguments* en 1962, je me lie plus étroitement que jamais avec Claude Lefort et Cornelius Castoriadis et, chacun à notre façon, nous dépassons la pensée de Marx, tout en l'intégrant dans une riche constellation de penseurs.

Un long travail chrysalidaire a commencé sans que j'en prenne conscience, et c'est surtout en 1968-1970, au cours d'un extraordinaire séjour en Californie, que s'opère en moi un équivalent intellectuel de mutation génétique qui fait comme sortir de sa chrysalide la pensée complexe en formation.

J'ai décrit dans *Mes Démons*[1] ce processus de « réforme génétique » qui avait commencé avant mai 68 et devait provoquer ma troisième grande réorganisation génétique. Dans cet ouvrage je présente mes trois grandes réorganisations/mutations cognitives et existentielles. La première, qui correspond à ma période de la guerre et de la Résistance, s'est opérée autour du noyau des enseignements de Georges Lefebvre, auxquels se sont ajoutés ceux de Maurice Aymard, à Toulouse, et de ma découverte de Hegel, que j'ai lu et vivifié par mes lectures de Marx. Elle correspond au besoin de faire communiquer les vérités isolées, d'intégrer les contradictions, d'intégrer le doute qui devenait, après ma lecture de Hegel, le « négatif », c'est-à-dire l'énergie même de l'esprit. La

1. Pour tous les ouvrages d'Edgar Morin mentionnés dans ce livre, se reporter à la bibliographie finale (NdÉ).

seconde correspond à l'élaboration d'une anthropologie complexifiée que j'entreprends, aussi bien dans *L'Homme et la mort* que dans *Le Cinéma ou L'Homme imaginaire*, ainsi qu'à la crise de mon marxisme qui s'accompagne d'une réinterrogation généralisée de tous les savoirs et de tous les problèmes. La troisième est celle de mai 68 suivie par l'année que je passerai à l'Institut Salk de recherches biologiques à La Jolla en Californie. J'ai écrit dans *Mes Démons :* « La Jolla fut plus qu'une oasis dans ma vie, ce fut un bain de jouvence quotidien, un lieu de bonheur, de réconciliation avec moi-même, d'apprentissage et d'études intensives, de participation euphorique à la culture hippie en l'ultime année de son épanouissement. »

C'est à mes cinquante ans que je recommence un apprentissage, assimilant idées nouvelles et théories qui m'étaient jusqu'alors inconnues, théorie de l'information (Weawer, Brillouin), cybernétique (Wiener, Ashby, Bateson), théorie des systèmes (von Bertallanfy), m'initiant à la problématique thermodynamique du désordre (de Boltzman à Prigogine), à la problématique de l'auto-organisation avec von Neumann et von Foerster, découvrant les travaux sur la science de Popper, Kuhn, Lakatos, Holton.

Sans qu'elle interrompe mes recherches et études concrètes sur les problèmes contemporains, cette ultime réorganisation génétique m'a orienté définitivement sur les problèmes radicaux de la connaissance et l'élaboration d'une méthode de la complexité (*La Méthode*, 1977-2005).

Je n'ai cessé, je l'ai dit, de m'inscrire dans la question de Kant « Que puis-je savoir ? », mais j'ai toujours voulu aussi répondre à son injonction de passer par l'anthropologie. Au « que puis-je savoir », il me fallait associer un « qu'est-ce que l'homme ? », doublé lui-même d'un « que suis-je ? ».

L'anthropologie complexe correspond à mon besoin fondamental de concevoir l'unité/diversité anthropologique, où la diversité humaine apparaît comme le trésor de l'unité humaine, et l'unité humaine comme le trésor de la diversité humaine. De manière complémentaire, elle correspond à ma nécessité de relier l'*anthropos* qui porte en lui *bios*, *physis* et *cosmos*, et n'en est pas moins différent, c'est-à-dire *émergent*, mot qui indique tout le mystère de l'humain.

Je n'ai pas cessé de reprendre ces interrogations, revivifiées par les événements, les histoires vécues, l'histoire tragique et incertaine. Ma recherche anthropologique ne pouvait être qu'anthropo-biologique puisque l'homme est un animal et un vivant ; et puisque nous sommes constitués de molécules, atomes et particules qui se sont formées au cours de l'histoire cosmique, j'ai débouché naturellement sur l'anthropo-bio-cosmologie, ce qui m'a ouvert sur la vie et le monde. L'humain fait partie de la vie et la vie fait partie de l'humain, l'humain fait partie du monde physique, qui fait partie de lui, l'humain fait partie de l'histoire du cosmos et celle-ci est intérieure à l'humain. L'ensemble *homo-bios-cosmos* constitue une boucle récursive ininterrompue où chaque terme appelle l'autre, nourrit l'autre et dépend de l'autre. Et je me suis senti sans cesse intensément participant à la vie, faisant partie de la vie, en même temps que faisant partie du cosmos, participant à son aventure inouïe. Toute cette aventure de connaissance m'a fait non pas dissiper, mais reconnaître le profond mystère inclus dans la condition humaine, dans la vie, dans l'univers, dans ce que nous nommons réalité.

Les philosophes qui m'ont marqué sont ainsi ceux qui ont nourri l'unité et la diversité de mes interrogations. Mes philosophes, je le répète, ne sont pas tous des « philosophes », on y trouve des romanciers comme Dostoïevski, des mathématiciens et méta-mathématiciens comme Heinz von Foerster, des fondateurs de spiritualités et d'éthiques comme Jésus ou Bouddha et aussi le titan Beethoven qui exprime, en paroles, une philosophie profonde dans son « Muss es sein ? Es muss sein ! ».

Sans mes philosophes, je ne serais et ne saurais avoir qu'étonnements, horreurs, émerveillements ; avec eux, j'ai cultivé et formulé mes étonnements, horreurs, émerveillements. Ils ont nourri ma vie en nourrissant ma pensée, et ma pensée formée à partir d'eux a nourri ma vie inséparablement. D'où la nécessité aujourd'hui, je l'ai dit, de reconnaître mes dettes et d'exprimer mes reconnaissances.

Ma relation à la philosophie a été ouverte, et ne s'est jamais enfermée dans la discipline philosophie. Des connaissances historiques, biologiques, anthropologiques, physiques, mathématiques (de mon professeur d'histoire Georges Lefebvre à von Foerster) m'ont apporté quelques-unes de mes idées philosophiques ; en retour, des philosophes (comme Héraclite, Pascal, Rousseau, Hegel) m'ont incité à me nourrir toujours plus de connaissances historiques, biologiques, anthropologiques, physiques, mathématiques. Je ne peux oublier non plus ma dette à des compagnons de vie, comme Dionys Mascolo, Robert Antelme ; à des compagnons d'aventure intellectuelle, comme Jean Duvignaud, Kostas Axelos, François Fetjö (au sein de ma revue *Arguments*), Claude Lefort et Cornelius Castoriadis ; aux amis du « groupe des Dix » (qui s'est réuni entre 69 et 76) : Jacques Robin en premier, Henri Atlan, Joël de Rosnay, René Passet, Michel Rocard, Jacques Sauvan... Puis sont venus les amis-frères de l'aventure de la complexité : Jean-Louis Le Moigne, Mauro Ceruti, Gianluca Bocchi, Oscar Nikolaus, et de nouveaux compagnons de tous continents.

En philosophie, comme d'ailleurs dans tous les domaines, j'ai été comme une abeille qui produit du miel de toutes fleurs. Ainsi, j'ai pris du pollen chez Kant, sans me plonger dans le kantisme, beaucoup plus chez Hegel, sans devenir hégélien. Cela signifie aussi que ma culture philosophique est lacunaire, sans être partielle, dans le sens où je n'ai jamais isolé mes connaissances philosophiques, j'ai toujours cherché à les intégrer à une démarche intellectuelle et existentielle, globale, reliante, contradictoire. J'ai cherché, trouvé, chez mes philosophes, des stimulations toujours, des illuminations quelquefois.

Mes philosophes m'ont aidé à me sentir relié à tous les domaines de la vie et de la connaissance, à rejeter ce qui rejette, à entretenir un sentiment infini de solidarité : ce que le *Tao* appelle l'esprit de la vallée qui « reçoit toutes les eaux en elle ». Mon cheminement spirituel est une aventure de quatre-vingt années, où j'ai fait de ma recherche subjective originaire de vérité, une recherche tous terrains, et de cette recherche tous terrains, une recherche de moi-même. Comme Héraclite, je peux dire : « Je me suis cherché moi-même. »

En cela j'ai échappé à l'*imprinting* culturel dominant, en particulier à l'injonction qui somme chacun de se spécialiser, de se consacrer au savoir émietté, parcellaire d'expert.

Je suis resté autodidacte, alors même que j'apprenais tant de mes philosophes. J'ai été mu de moi-même par moi-même dans la recherche de mes vérités, et cet autodidactisme m'a conduit à trouver mes maîtres à penser. Je n'ai eu aucun maître à penser unique, mais une constellation d'étoiles maîtresses d'Héraclite et Lao Tseu jusqu'à Breton, Bataille et von Foerster…

Chacun dans son enfance, s'est posé des problèmes primordiaux et indiscutablement philosophiques. Ces questions sont, chez la plupart des adultes, jugées naïves et inutiles. Pour ma part, les sources de ma curiosité enfantine sont restées vives, et sans cesse, je suis revenu, à mes questions adolescentes, qui sont les questions éthiques et philosophiques premières, de la vie, de la mort, du « qui somme-nous ? », « d'où venons-nous ? », « où allons-nous ? », celles des origines, du devenir, du réel, du sens et du non-sens.

C'est pourquoi cet ouvrage pourrait être suivi d'un autre : « Vers l'indicible ».

Héraclite

Héraclite m'a toujours accompagné. Je n'arrive pas à retrouver le moment de ma jeunesse où je l'ai découvert. Était-ce avant Hegel ? Ou après ? Je sais en tout cas à quel point il correspondait à mes aspirations. J'y retrouve de façon fulgurante les contradictions fondamentales, indépassables, dont je me suis nourri. « Bien et mal sont tout un », « Le chemin du haut et le chemin du bas sont le même », « Éveillés, ils dorment ». Je retourne sans cesse aux contradictions-mères d'Héraclite : l'union de l'union et de la désunion, de l'accord et de la discorde, vivre de mort, mourir de vie… J'ai ainsi lu, émerveillé, ce penseur qui maintient toujours ensemble, unis, deux termes antagonistes qui devraient s'exclure.

Jeune homme, j'étais embarrassé par toutes les contradictions que je trouvais en moi, dont les contradictions entre désespoir et espérance, doute et foi, raison et mysticisme. Héraclite (comme aussi Hegel), m'a permis de comprendre que les contradictions me faisaient détecter une nappe souterraine de vérité. Cela me fera écrire dans *La Vie de la vie :* « Le surgissement de la contradiction opère l'ouverture soudaine d'un cratère dans le discours sous la poussée des nappes profondes du réel. »

Je suis profondément héraclitéen. J'aboutis à des contradictions dès que je réfléchis à tous les grands problèmes et je trouve que la plupart de ces contradictions ne sont pas dépassables. Cela se marie avec mon tempérament : depuis toujours je reconnais volontiers la justesse d'une thèse, et aussi de la thèse opposée. Je tends toujours à maintenir ensemble deux vérités contraires. Je retrouve d'ailleurs chez Pascal et Niels Bohr, exprimée quasiment dans les mêmes termes, une pensée quasi héraclitéenne. Pascal dit : « La source de toutes les hérésies est de ne pas concevoir l'accord de deux vérités opposées. » Niels Bohr de son côté distingue deux types de vérité, la vérité triviale, dont le contraire est évidemment absurde, et la vérité profonde, qui se reconnaît à ce que son contraire est aussi une vérité profonde. Ainsi, les « vérités profondes sont les propositions dont le contraire contient aussi une vérité profonde[1] ».

Je trouve que la reconnaissance de deux vérités contradictoires nous protège d'une vision réductrice, unilatérale, manichéenne. Cela ne m'a pas empêché de prendre parti dans ma vie. Mais j'ai su qu'il y avait chez l'adversaire une part de vérité devenue folle.

Ainsi, avant la Deuxième Guerre mondiale, j'adhérais comme à une évidence à la nécessité radicale d'une révolution, mais j'adhérais aussi à l'évidence contraire qu'une révolution produit des excès et qu'il vaut mieux se montrer prudemment réformiste. J'ai adhéré au marxisme avec le même esprit.

Cela rejoint ce conflit fondamental en moi, qui est aussi une complémentarité, entre la foi et la raison, que je retrouve chez Pascal. Ce conflit, attisé et nourri par des penseurs comme Pascal et Héraclite, m'a permis de me faire moi-même, assumant mes contradictions entre la foi et le doute, la raison et la mystique. J'ai élaboré la *dialogique,* fille bâtarde héraclitéenne de la dialectique

1. Niels Bohr, *Physique atomique et connaissance humaine*, Folio Essais, 1991, p. 247.

hégélienne, qui lie des notions clés, comme vie et mort, de façon à la fois complémentaire, concurrente et antagoniste. Mais je dois dire que ma dialogique reste plus proche d'Héraclite, elle se différencie de la dialectique de Hegel et de Marx, qui voient toujours une possibilité de dépassement des contradictions.

Héraclite nous enseigne que la contradiction est un signe de vérité, alors que la logique classique nous dira qu'une contradiction est signe d'erreur. En cela Héraclite est un aérolithe dans l'histoire de la pensée occidentale. Il a été d'ailleurs très tôt considéré comme un penseur extravagant, d'abord par Aristote qui a établi sa logique sur le rejet de toute possibilité de contradiction, le refus du « tiers inclus ». Par la suite, la pensée occidentale a éliminé le contradictoire, à l'exception de quelques mystiques médiévaux, puis de Nicolas de Cues à la Renaissance qui a vu en Dieu « la coïncidence des contraires », de Pascal au XVIIe siècle qui a vu en l'être humain un tissu de contradictions, de Hegel au XIXe siècle pour qui la pensée doit être capable de maintenir ensemble deux termes opposés. En Chine, à la même époque qu'Héraclite, vers le VIe siècle avant notre ère, surgit le Tao, fondé sur l'union des deux termes antagonistes que sont le yin et le yang, le féminin et le masculin, le froid et le chaud, l'obscurité et la lumière. Union complexe puisque dans le yin il y a un petit yang, et dans le yang il y a un petit yin. Cette philosophie, très voisine de celle d'Héraclite, m'a été immédiatement familière.

Héraclite est ainsi fabuleusement actuel et nous aide à penser les contradictions que nous trouvons au cœur même de la science. Par exemple, la physique quantique nous met devant la contradiction qu'un phénomène microphysique comme la particule, puisse être décrit comme une onde et comme un corpuscule, ces deux descriptions étant complémentaires, tout en étant contradictoires. On trouve aussi chez Héraclite cette idée étonnante et plausible qui discerne l'étonnant jeu du monde : « L'univers est le jeu d'un enfant qui joue aux dés. » On est presque dans de la science-fiction... Mais c'est déjà aussi la vision du hasard, de l'aléatoire comme des éléments producteurs de notre univers, avec de plus cette idée de jeu qu'un Kostas Axelos a mis au centre de sa conception du monde. Et de plus c'est l'inverse de ce que pensait Einstein, qui disait : « Je refuse de croire que Dieu joue aux dés. » Alors que Niels Bohr, à sa façon, avait bien senti la profondeur de cette pensée héraclitéenne.

Le Logos

Chez Héraclite apparaît cette idée formidable du Logos. Il y a plusieurs manières de l'interpréter. Le « Logos », cela peut être le langage, le Verbe, la parole, cela peut être la logique organisatrice du monde, de la Vie... Il y a, dans ce mot, une indétermination peut-être indépassable. De toute façon, il s'agit de quelque chose de génésique, de générateur. Le Logos, c'est l'idée d'une force originaire, créatrice et organisatrice. Cette idée a fini par se dégrader dans la pensée grecque sous la forme de l'ordre rationnel et logique. Le Logos est devenu quelque chose comme l'ordre du monde, la raison.

Bien entendu, le Logos héraclitéen contient la rationalité. Mais il contient aussi quelque chose d'autre que la rationalité, il est infra et supra-rationnel. C'est un feu créateur. Cette idée de feu créateur peut être comprise en songeant au soleil. Qu'est-ce que le soleil ? Une boule gigantesque de feu à partir de laquelle s'est organisé le système solaire, avec notre planète la Terre. Cette boule gigantesque de feu, on l'oublie trop, est notre matrice ; elle nous nourrit d'énergies. Le charbon vient de forêts qui se sont nourries au soleil via la photosynthèse, le pétrole vient d'animaux qui se sont nourris de plantes, qui se sont nourries au soleil... En fait, toutes les énergies ont pour origine le soleil, et pas seulement les énergies qu'on dit « solaires ». Le soleil, voilà donc une métaphore pour nous aider à comprendre le Logos héraclitéen.

Maintenant, il est remarquable qu'Héraclite, qui est le premier grand philosophe du Logos, notion matricielle d'où est issue l'idée de Raison, ait su penser à la fois la contradiction et la concorde. Car il y a certes la contradiction, le conflit entre les contradictoires, mais il y a aussi la complémentarité entre les contradictoires, et cette complémentarité ne supprime pas la contradiction et le conflit : « Joignez ce qui concorde et ce qui discorde, ce qui est harmonie et ce qui est désaccord. » Ou bien : « Unis tout et pas tout, ce qui s'attire et ce qui se repousse, ce qui s'accorde et ce qui ne s'accorde point. » Le total et le fragmenté ensemble... L'inséparabilité et la séparation ne sont pas séparables. Il y a aussi cet admirable « les contraires s'accordent et la discordance crée la plus belle harmonie ».

« Joignez ce qui concorde et ce qui discorde... » : cela indique que la recherche d'une harmonie pure et absolue n'a pas de sens. S'il n'y avait que discorde, tout se désintégrerait. S'il n'y avait que concorde, il ne se passerait rien. Héraclite nous dit que tout ce qui est s'origine dans le mariage de l'harmonie et de la disharmonie.

« Vivre de mort, mourir de vie »

Voilà une formule typique d'Héraclite. À première vue, il s'agit d'un non-sens, ou d'une platitude : nous vivons de la mort des animaux ou des plantes que nous mangeons. On peut découvrir dans cette formule l'énoncé du cycle trophique de la nature : toute vie se nourrit d'une autre vie, les plantes sont mangées par le végétarien, lui-même mangé par le petit carnivore, à son tour dévoré par le grand carnivore, lequel une fois mort, fait le festin de vers et d'insectes nécrophages et nourrit les plantes par ses sels minéraux.

On peut découvrir un autre sens à cette formule. « Vivre de mort, mourir de vie », s'approfondit grâce à ce que l'on sait aujourd'hui : notre organisme vit de la mort de ses cellules remplacées par des cellules jeunes dans une régénération permanente. Et les sociétés ne vivent-elles pas parce que des personnes meurent et d'autres, plus jeunes, arrivent et prennent leur place ? La vie et la mort sont certes deux ennemies fondamentales, mais la vie lutte contre la mort en utilisant la mort. Les deux ennemies, absolument antagonistes, sont complémentaires. La vie ruse pour lutter contre la mort, elle intègre celle-ci, qui ne cesse pas pourtant d'être une ennemie. Néanmoins, il est tuant de se régénérer en permanence. À la longue, le processus de dégradation/régénération s'altère et entraîne irrémédiablement la mort. Finalement, on meurt à force de rajeunir. On meurt de vie.

On peut, certes, selon la logique aristotélicienne vérifier segment à segment la formule héraclitéenne : « Vivre de mort » d'une part, « mourir de vie » d'autre part. Mais c'est en tant qu'énoncé global qu'elle porte en elle contradiction, paradoxe et vérité lumineuse.

« Éveillés, ils dorment »

Cette parole va plus loin que tout Freud. Elle met en lumière l'être somnambulique qui est en nous. Nous sommes en fait des dormeurs éveillés qui, à la différence des somnambules, pouvons prendre conscience que songe et réalité sont entremêlés et qu'il y a toujours du songe dans notre façon de considérer la réalité. « La vie est un songe », selon Pedro Calderón de la Barca. Non, c'est un

« songe éveillé » nous dit Héraclite. Nous sommes ainsi à la fois éveillés et somnambules.

Il y a un somnambulisme de tout être humain, comme il y a une matière noire constitutive du cosmos. Nous ne sommes en fait ni totalement somnambules, ni totalement éveillés. « Nous sommes automates autant qu'esprits » disait Pascal. J'ajoute que nous ne sommes ni totalement automates, ni totalement esprits. Nous sommes comme Petrouchka, le Maure, la Danseuse du ballet de Stravinsky, ces marionnettes qui s'autonomisent, s'évadent de leur baraque. Nous sommes joués comme par un manipulateur, et parfois nous échappons à ses ficelles, poussés par l'amour, la haine, la folie…

J'écrivais dans *L'Humanité de l'humanité* (tome V de *La Méthode*) : « Nous sommes, au sein d'un univers étrange qui nous est familier, des automates, des somnambules, des possédés. Nous faisons de façon hallucinée notre métier de vivre, comme si nous étions effectivement des automates programmés depuis toujours, avec notre cœur qui bat machinalement à chaque seconde, notre organisme qui travaille hyper-cybernétiquement avec ses organes et ses myriades de cellules, avec notre énorme ordinateur cérébral dont les opérations inconscientes tiennent notre conscience à leur merci. »

Nous sommes commandés à 90 % par des choses dont nous ne sommes pas conscients. Nos corps sont des machines autonomes (au sens que j'ai souvent développé d'une auto-éco-organisation). Nos organismes sont dotés d'une intelligence et d'une pensée propres. Des biologistes parlent de mémoire cellulaire. De plus en plus, on découvre que le corps a une mémoire. Le corps, « soma », nous fait somatiser nos perturbations mentales et les tourments de notre esprit. Par ailleurs, nous ne sommes pas conscients de notre vie fœtale, qui demeure en nous d'une certaine façon.

Nous portons en nous des « cavernes intérieures », « tout un paléolithique intérieur » comme je l'ai développé dans *Le Vif du* sujet ; j'écrivais : « Au fond de ces cavernes, grouille du ça innommable, du On anonyme, des monstres, des spectres ; tout ce qui menaçait l'homme des cavernes, périls, ténèbres, faim, soif, fantômes, démons, est passé à l'intérieur de nos âmes, nous inquiète, nous angoisse, nous menace du dedans. » De plus, tel le point singulier d'un hologramme, nous portons le cosmos en nous. L'individu plongé dans la plus banale des vies « contient en lui des galaxies de rêves et de fantasmes, des élans inassouvis de désirs et d'amours, des abîmes de malheur, des immensités d'indifférence glacée, des embrasements d'astres en feu, des déferlements de haine, des égarements débiles, des éclairs de lucidité, des orages déments… » (*L'Humanité de l'humanité*).

Notre somnambulisme nous fait vivre dans un monde rétréci, nous ne savons pas voir la généralité qui est dans notre particularité, l'unité qui est dans nos diversités, comme la diversité qui est dans toute unité humaine. C'est ce que je retrouve dans cette autre parole d'Héraclite : « Bien que le Logos soit commun à tous, la plupart des hommes vivent comme s'ils avaient chacun en propre une sagesse particulière. » Les humains sont particuliers, très divers de caractère, d'intelligence, de culture etc. Chacun ne vit qu'un petit bout de l'unité et de la diversité humaine, mais chacun croit posséder le tout. Chacun croit que son logos particulier est le tout. Les gens ne voient pas que le Logos est commun et que, du fait de ce Logos commun, ils existent dans leurs singularités et particularités. Comme je l'ai indiqué plus haut, j'ai traduit une idée proche de celle d'Héraclite en disant : « L'unité est le trésor de la diversité humaine, la diversité est le trésor de l'unité humaine. »

La formule d'Héraclite nous rappelle aussi que nous sommes des êtres possédés. En fait nous sommes doublement possédés. D'une part par la société, qui règne sur nos esprits, pense dans nos pensées, via l'*imprinting* et la normalisation. D'autre part, par les croyances et les idées qui ne sont pas seulement des choses de l'esprit, mais qui sont aussi des êtres d'esprit ayant vie et puissance. Nous sommes les serviteurs des idées qui nous servent. Nous avons des idées maîtresses qui nous manipulent autant, voire plus que nous les manipulons. Nous sommes possédés par les dieux que nous possédons. Victor Hugo a dit très justement (dans *Quatre-vingt-treize*) : « Nous sommes livrés à ces dieux, à ces monstres, à ces géants, nos pensées ; souvent ces belligérants terribles foulent aux pieds nos âmes. » Les dieux naissent de nos esprits, mais échappent au contrôle de nos esprits, prennent possession de nous. J'ai développé ces thèmes dans *Les Idées*, tome IV de *La Méthode*.

On retrouve d'ailleurs un peu de tout cela dans ce fragment d'Héraclite : « Les hommes sont des divinités mortelles, et les dieux des hommes immortels vivant de notre mort, mourant de notre vie. » C'est l'idée que nous produisons les mythes, les dieux, et que ceux-ci vivent de notre vie, nous demandant parfois même de mourir pour eux. Nous y trouvons peut-être aussi l'idée que la force des religions est de promettre l'immortalité, la survie. Les dieux sont en tout cas des êtres anthropomorphes, mortels comme les humains, ils ont une vie plus longue, mais ils mourront quand mourront les humains. Les hommes, eux, sont des divinités mortelles… C'est assez beau comme idée : l'homme est à l'image d'un dieu.

Je retrouve ici ce que j'ai développé dans *Les Stars*. Les stars sont bien comme des divinités mortelles. Elles ont d'un côté une nature entièrement humaine, de l'autre elles apparaissent comme des êtres transcendants, habitants d'un Olympe merveilleux. Elles font l'objet d'un culte ; comme les dieux ont leurs dévots, les stars ont leurs « fans » qui se nourrissent de leur substance supérieure, tandis qu'elles-mêmes se nourrissent de l'humanité ordinaire. Ces êtres stellaires sont divinisés, mais connaissent, évidemment, la mortalité.

Pour conclure sur la question de notre somnambulisme, il faut rappeler que nous avons à la surface de notre être quelque chose qui est la conscience et qui elle-même influence sur le reste de notre être. C'est la fragile veilleuse dont dispose notre existence somnambule. Elle peut influer sur notre immense part d'automate, comme le montrent les yogis qui peuvent par la pensée contrôler les battements de leur cœur. Par la conscience, nous avons des éclairs de lucidité, des moments de liberté, malgré notre somnambulisme, et d'une certaine façon grâce à lui. Nous sommes ainsi des machines non triviales qui peuvent arriver à posséder ce qui les possède.

« Polémos est le père de toutes choses »
« Bien et Mal sont un »

Le combat, la guerre, est le père de toutes choses. Évidemment, dans cet énoncé je retrouve l'idée de conflit, d'antagonisme originaire et créateur entre les contradictions. Il me renvoie à l'idée d'une dualité conflictuelle, dès la naissance de l'univers, entre des forces d'ordre et de désordre, de reliance et de séparation. Avec le big-bang des forces de séparation, dispersion, annihilation se sont déchaînées et continuent à se déchaîner. Presque simultanément sont apparues des forces de reliance, forces d'interaction comme les forces nucléaires fortes, électromagnétiques, gravitationnelles. Elles étaient faiblissimes à l'origine, mais elles ont permis la formation des noyaux d'hydrogène ou d'hélium, la genèse des premiers agrégats géants et informes de particules – les protogalaxies.

Les forces de reliance mènent une lutte pathétique contre la dispersion, car toutes les organisations, des étoiles aux vivants, sont condamnées à la dispersion et à la mort. Il faut voir que cette lutte est dialogique. Les forces de reliance luttent contre les forces de séparation en utilisant les forces de séparation, ces dernières elles-mêmes utilisent la reliance pour provoquer la séparation. Nous sommes intégrés dans un jeu cosmique entre des forces d'organisation et des forces de désorganisation, forces d'intégration et forces de désintégration. L'univers (cosmologique, biologique, humain) est ainsi l'objet de toutes les ruses du *Diabolus* (le Séparateur), mais l'univers à son tour use de ruses, il utilise le *Diabolus* pour relier à travers la séparation, il utilise la mort (irrémédiable séparation) pour se régénérer. La lutte entre la reliance et la déliance n'est pas une simple relation antagoniste, comme celle d'Ahura Mazda et d'Ahriman chez les zoroastriens, d'Éros et Thanatos chez les Grecs. Les deux principes sont présents l'un en l'autre, l'un à l'autre. Je l'ai résumé en disant, à la manière de Hegel : *la vie est l'union de l'union et de la séparation*, formule du reste héraclitéenne : « Joignez ce qui concorde et ce qui discorde... ».

La vie est apparue comme une victoire inouïe des forces de reliance, forces faibles si on les compare au caractère déchaîné des forces de dispersion, de désintégration, de mort. Il faut songer par exemple que les reliances n'ont pu se développer que de façon minoritaire dans l'univers ; la matière organisée ne réunirait que 4 % de la totalité du cosmos, la vie ne représente qu'une petite mousse de l'écorce terrestre, les êtres dotés de cerveau y sont minoritaires et la conscience humaine y est fragilissime et hyper-minoritaire. D'où, comme je l'ai écrit dans l'*Éthique*, le sort fragile, périlleux, douloureux, de la reliance dans l'univers.

Dans les sociétés humaines, nous observons la lutte dialogique, organisatrice entre le principe rivalitaire et le principe communautaire, la discorde et la concorde. Le cosmos nous a faits à son image, et nous portons en nous le déchaînement des forces de désintégration, de mort, de haine. Mais nous avons développé aussi la fraternité et l'amour, forces de reliance, ce qui nous place à la pointe de la lutte pathétique contre la séparation, la dispersion, la mort. Nos forces éthiques sont ainsi des forces de reliance. Tout acte éthique est un acte qui relie, à autrui, aux siens, à la communauté, à l'humanité et, en dernière instance, au cosmos. Et plus nous prenons conscience que nous sommes perdus dans l'univers et que nous sommes lancés dans une aventure inconnue, plus nous sentons le besoin d'être reliés à nos frères et sœurs en humanité. Tout cela nous éclaire sur l'immense importance de l'amour. L'amour est notre force de résistance à toutes les cruautés du monde, et se brancher sur l'amour, c'est se brancher sur la reliance cosmique. Certes, « Polémos est le père de toutes choses », mais ce qu'a oublié Héraclite, c'est qu'Amour est aussi mère de toutes choses.

Je comprends de manière un peu analogue cet autre énoncé : « Bien et mal sont un. » Je n'y vois pas du tout une formule indifférentiste qui dirait que le Bien et le Mal c'est la même chose. C'est un énoncé qu'il faut interpréter, il ne faut pas le prendre à la lettre. Il dit que Bien et Mal ont une source commune. La source, c'est l'union originaire de l'union et de la séparation, de l'amour et du divorce, de la fraternité et de la haine. Bien et Mal se différencient, évidemment, mais à la source, ils sont un.

Nous pouvons y voir une analogie avec la naissance de l'univers. Les forces de désintégration, issues du big-bang, sont les sources du Mal. Mais simultanément, nous l'avons vu, surgissent des forces d'union qui, elles, sont les sources du Bien et qui assemblent les atomes, les astres. Bien et Mal sont donc issus de la même déflagration originaire. Dans *L'Évangile selon Jésus-Christ*, de

José Saramago, Jésus voit Satan et Dieu. Il les regarde : Dieu a des traits de Satan et Satan a des traits de Dieu.

« Sans l'espérance, tu ne trouveras pas l'inespéré »

Je cite souvent cette formule magnifique. Elle me revient chaque fois que je perds espoir. Elle est plus que jamais actuelle. On en retrouve l'écho chez Mark Twain : « Ils ne savaient pas que c'était impossible, alors ils l'ont fait. » Je crois profondément qu'il faut espérer l'inespéré, ou du moins espérer l'improbable. Que de fois le probable ne s'est pas réalisé et l'improbable est advenu, pendant les guerres et en temps de paix, dans la vie d'un individu et dans celle d'une société. Le probable aujourd'hui, c'est que la course folle dans laquelle est entraînée notre planète, avec l'économie devenue folle, la dégradation de la biosphère, la multiplication des armes de destruction, les convulsions ethno-religieuses, mène à des catastrophes en chaîne. Faut-il en conclure qu'il n'y a plus d'espoir ? Le probable n'est pas le certain et avec mes faibles forces j'œuvre pour l'improbable.

Cette magnifique formule ne faudrait-il pas la rapprocher de celle qui parle de la voix de la pythie de Delphes « qui ne dévoile pas, ne dissimule pas, mais indique » ? Cette phrase a plusieurs traductions/interprétations, comme « ne montre pas, ne cache pas, mais signifie ». Gardons « indique ». Cela veut dire que le véritable oracle annonce quelque chose mais ne l'énonce pas de façon littérale, il l'enveloppe d'un caractère énigmatique. Il ne révèle pas tout ce qui aura lieu mais il oriente vers ce qui va se passer, il demeure mystérieux, tout en nous révélant quelque chose.

Dans le fond, je crois que cela caractérise toute prédiction juste. Ainsi, nous annonçons des catastrophes, mais nous ne pouvons préciser lesquelles, ni dans quel ordre elles se produiront : catastrophe économique, nucléaire, écologique… ? L'énoncé d'Héraclite respecte le mystère du futur, mais tout en indiquant le futur, il le révèle en le voilant. C'est toujours ainsi : on ne peut pas déterminer exactement la figure que prendra l'avenir, mais on peut en indiquer quelque chose, qui est la direction qu'il prend.

Héraclite m'inspire constamment, parfois de manière inattendue. Ainsi, « Le chemin en haut et le chemin en bas sont le même. » Cette formule m'a aidé à comprendre une partie de l'histoire du XXe siècle. Le chemin suivi par la Russie à travers la révolution, le bolchévisme, la déchristianisation, la destruction du capitalisme, parvient finalement au même point que celui suivi par les États-Unis et l'Occident à travers le libéralisme économique et le capitalisme. Les deux systèmes n'ont-ils pas abouti au même résultat après 1989, après avoir pris deux chemins pourtant si différents ?

Lorsque j'éprouve le besoin de me ressourcer, je prends mon Héraclite, je relis deux ou trois fragments qui m'éblouissent de nouveau, me tonifient. J'ai, dans ma bibliothèque, plusieurs traductions. J'aime les relire, les comparer, m'emparer de deux ou trois fragments qui m'éblouissent, me ressourcent. Je me souviens que lorsque j'ai quitté ma première épouse, je lui ai tout laissé : l'appartement, les meubles, mon compte en banque. Tout, sauf une dizaine de livres, dont « mon » Héraclite.

Bouddha

On trouve chez Héraclite cette idée que l'« on ne descend jamais deux fois dans le même fleuve », que « tout coule »... Je note qu'on la retrouve, étonnamment à la même époque dans l'idée d'impermanence, chez le prince Siddhârta, (563-483 av. J.-C.), le Bouddha. Cette idée, apparemment évidente, est sans cesse oubliée, nous croyons que le présent va durer indéfiniment, nous oublions jeunes que nous vieillirons, vieux que nous avons été jeunes. Il est capital de régénérer sans cesse cette vérité première.

Le bouddhisme développera de plus cette idée que le monde sensible, ce monde d'impermanence, est « Samsara », un monde d'apparences, que les objets et les êtres que nous percevons sont non seulement fugaces et éphémères, mais illusoires. Nous vivons le monde à travers les projections de notre esprit et nous sommes conditionnés par l'illusion du Je. Il faut se libérer de cette illusion pour atteindre l'attitude d'« éveillé ».

Personnellement, j'ai ce sentiment d'un monde tissé d'illusion, mais j'ai en même temps le sentiment que cette illusion est notre seule réalité. C'est un paradoxe qui m'étonne toujours : que tout ce qui est tellement important pour nous, nos souffrances, nos amours, ne soit presque rien, mais que ce quasi-rien soit aussi, pour nous, tout. Je pense, en même temps et contradictoirement, que ce monde à demi imaginaire, à demi réel est notre seule réalité de chair, de sang, d'âme, d'amour, de vie, de passion.

Je pense de plus, à l'instar des penseurs du Grand Véhicule, dont Nâgârjuna, que Samsara et Nirvana sont les deux pôles opposés du même.

Dans *L'Homme et la mort*, j'avais analysé le bouddhisme, montrant que la grande illumination du Bouddha, qui le sépare radicalement de Socrate et de Jésus, est l'idée que la souffrance et le mal viennent du « vouloir-vivre ». Il faut se libérer des perpétuelles renaissances qui enchaînent à la vie. Mais je notais dans le même temps, que ce refus du vouloir-vivre est un vouloir-vivre suprême, affranchi de la mort. Il s'agit de se libérer de la mauvaise mort, celle qui ne met pas fin à la mort, au malheur, à la séparation. Le Nirvana est l'aspiration à la vie indéterminée, absolue, totale. Il est extase, c'est-à-dire amour et plénitude, fusion dans un principe qui, en étant néant et vide, est aussi plénitude et absolu. Il annonce la grande idée de Hegel, pour qui l'Être et le Néant sont identiques, tout en étant opposés.

Le Nirvana, comme désir de fusion dans le principe suprême indéterminé être/néant, vie/mort, rien/tout, est ainsi le désir d'une mort maternelle, c'est-à-dire d'une mort apaisante qui est au fond l'aspiration à l'absolu. Inconsciemment, le bouddhiste oriental aspire donc à l'engloutissement dans le chaud placenta originaire. La perte de l'individualité apparaît comme fusion et immersion dans le principe maternel.

Le bouddhisme est une forme de mysticisme. Le mysticisme est, selon le Petit Robert, l'« union intime avec le principe de l'être ». Dans le bouddhisme, le principe de l'être, le Nirvana, est ce dont on ne peut pas parler, qu'on ne peut pas décrire et qui est vide. Ainsi le bouddhisme pratique une méditation qui consiste à faire le vide ou le silence en soi-même. Elle est différente de notre façon occidentale de méditer, qui consiste à réfléchir sur quelque chose, à faire avec notre esprit ce que font les différents estomacs de la vache (ruminer, reprendre, transformer).

Je note en outre que l'influence du bouddhisme augmente en Occident, comme aussi, dans une certaine mesure, celle des religions dont beaucoup connaissent une revitalisation étonnante. Par ailleurs, on observe la prolifération de tentatives de répondre au grand mal-être de notre civilisation : les yogismes, les bouddhismes zen, les psychanalyses, les relaxations, les diététiques, les macrobiotiques, les *slow food* s'efforcent d'aider chacun à sortir du mal-être. Pour moi ces phénomènes sont profondément significatifs, ils nous indiquent que les germes d'une réforme de vie sont disséminés un peu partout. Le besoin de bien vivre, aussi bien dans la relation à soi-même qu'aux autres, de surmonter le divorce entre l'esprit et le corps, expriment un appétit de mieux être.

Il reste sur ce point une différence entre Occidentaux et Orientaux qui tient à la singularité culturelle de notre civilisation, marquée par le refus de la mort. Le bouddhisme est né dans un milieu de croyances où l'idée de la métempsycose s'imposait d'évidence. Il a reconnu que la souffrance est inhérente à toute vie et enseigné la sérénité par le détachement de soi, par la délivrance dans l'anéantissement du Je, afin d'échapper au cycle infernal des renaissances, dans un néant qui est en même temps plénitude. Dans notre paysage mental occidental en revanche, l'idée demeure que la mort est ce gouffre béant et épouvantable où nous nous anéantissons ; ce qui a produit une demande de salut, c'est-à-dire d'une victoire sur la mort et non d'un acquiescement au néant. D'où l'essor des religions du salut dans l'Empire romain et le triomphe final du christianisme : « Ô Mort, où est ta victoire ? » s'exclamait Paul.

Ainsi, ce que l'Occidental trouve dans le bouddhisme est bien une expérience très différente de celle de l'Oriental. L'idée d'une subjectivité qui s'anéantit, d'un Nirvana qui est extinction de l'ego, lui est étrangère. C'est plutôt une expérience subjective, une expérience de sujet cherchant la paix intérieure, une amélioration de l'Ego, que nous trouvons paradoxalement, nous Occidentaux, dans le bouddhisme.

J'ai écrit que je me considérais comme « néo-bouddhiste ». Ne pouvant adhérer au substrat métaphysique du bouddhisme, la métempsycose, je considérais cependant que le message de compassion pour la souffrance, qui est le message fondamental de Siddhârta, pouvait et devait être incorporé en nous. Je me sens néo-bouddhiste dans la mesure où je pense qu'il faut développer le potentiel de compassion qui se trouve dans l'esprit de chacun.

Je note d'ailleurs que dans le bouddhisme la compassion s'étend à l'ensemble du monde animal, ce qui constitue une différence fondamentale avec le christianisme. Le christianisme, avec ses valeurs cardinales de la charité et de l'amour, est ouvert sur l'humain, mais fermé au monde animal. En revanche le bouddhisme immerge l'humain dans le cycle des reproductions du monde vivant. La compassion du Bouddha s'adresse à toutes les souffrances.

Jésus

Une question m'a captivé dès mes premières années d'étudiant. Je me demandais comment une petite secte déviante juive, *outsider* au milieu des nombreuses religions du salut existant alors dans l'Empire romain, avait pu, après une incubation de deux siècles, et en traversant des hérésies multiples, se répandre triomphalement dans l'Empire pour y devenir finalement la religion officielle.

Jésus se présente comme en rupture très nette avec le mouvement juif dominant à l'époque : les Pharisiens. J'avais toujours été du côté de Jésus et mal vu les Pharisiens. J'ai compris plus tard qu'après la diaspora, ils étaient devenus les seuls titulaires de la religion juive, ils en avaient arraché tous les rameaux qui s'ouvraient au monde extérieur, ainsi que tous ceux qui s'adressaient à l'âme intérieure. Et je peux, sans être pour autant chrétien, préférer le message du juif Jésus, qui comporte miséricorde et qui, avec Paul, s'est ouvert sans équivoque aux Grecs et aux Gentils.

Je ne suis pas du tout certain aujourd'hui de pouvoir élucider le mystère qu'est Jésus, chaman juif d'un type nouveau. D'où lui est venu ce sens humain du pardon pour le pécheur, inconnu chez les Juifs, les Grecs, les Romains ? Je ne peux éclairer le mystère, je peux élucider en tout cas mon attachement à la figure de Jésus. Ce qui m'attire chez le juif Jésus, c'est son sermon sur la montagne et c'est qu'il incarne magnifiquement le pardon. Le pardon était déjà présent à l'intérieur de la religion de Moïse, et c'est sans doute là son origine. Mais il était vécu comme acte divin annuel absolvant le peuple élu de ses péchés. Jésus, qui pour moi est totalement humain, est celui qui individualise et humanise totalement le pardon. Celui-ci a pu, par la suite, s'émanciper de la religion et se transformer en force éthique.

Le pardon de Jésus se fonde sur un double argument. Le premier est énoncé dans l'avertissement aux hommes qui veulent lapider la femme adultère : « Que celui qui n'a jamais péché lui jette la première pierre. » Il demande au lapidateur de faire retour sur lui-même et, prenant conscience qu'il pourrait être lui-même condamnable pour d'autres péchés, de renoncer au châtiment ; ce qui nous est réclamé est une partie de ce que j'ai appelé l'auto-éthique : l'auto-examen, la force du doute retournée sur ses propres actes. Puis Jésus, ayant soustrait au supplice la femme adultère, lui offre le pardon.

Le second argument se fonde sur la compréhension de l'aveuglement humain. C'est le « ils ne savent pas ce qu'ils font » de Jésus sur la croix, qui justifie le « pardonnez-leur, mon Père » qu'il adresse à son Dieu. Le « ils ne savent pas ce qu'ils font » rejoint une idée des philosophes grecs, pour qui le méchant est un ignorant, un imbécile : « Nul ne fait le mal volontairement » disait Socrate. J'associe le mot de Jésus à celui de Marx au début de *L'Idéologie allemande :* « Les hommes font l'histoire mais ils ne savent pas l'histoire qu'ils font. » C'est ici un pur constat d'anthropo-socio logue. Il renvoie à la connaissance des engrenages, des possessions qui font que l'être humain est déterminé, agi, possédé. C'est la même connaissance qui sous-tend le message de Jésus. Mais Jésus nous dit quelque chose de plus : il nous dit que le pardon est supérieur à la justice. Le « ils ne savent pas ce qu'ils font » de Marx ne suscita chez lui aucune conséquence morale.

C'est là le foyer de ma propre « foi » qui, sans être chrétienne, se reconnaît dans le Jésus qui pardonne à la femme pécheresse. Je crois passionnément à la possibilité de repentir, de la rédemption, à la vertu du pardon. On peut transfigurer un homme, même un criminel, en lui pardonnant ses actes. C'est une magnifique idée que je retrouve chez Dostoïevski. La petite prostituée Sonia, de *Crime et Châtiment*, qui pardonne à Raskolnikov, est pour moi à des millions d'années-lumière en avance sur Marx.

De même je suis bouleversé par le message sublime de Paul dans l'épître aux Corinthiens qui met l'amour au-dessus de tout, y compris de l'espérance et de la foi : « S'il me manque l'amour, je ne suis rien. »

Le triomphe du christianisme fut d'une improbabilité historique inouïe. Il a fallu d'abord que Paul transforme le Messie des juifs en Messie de l'humanité : « Il n'y a plus ni juif ni gentil… » C'est ensuite un processus révolutionnant et révolutionnaire qui s'est mis en œuvre : une déviance, réprimée mais non exterminée, s'est disséminée, organisée, elle est devenue une tendance qui s'est fortifiée et amplifiée jusqu'au triomphe final. En ce sens, Jésus et Paul sont, comme tous les fondateurs, des déviants. Par ailleurs, la puissance acquise par le christianisme historique tient à la force de son message originel, qui est la promesse d'une victoire sur la mort. Il y avait déjà dans l'empire romain des cultes à mystère qui promettaient la résurrection grâce à un dieu qui meurt et renaît. Le message chrétien fut le plus simple, le plus fort, le plus universel.

Bien entendu, je ne me reconnais pas dans la religion du salut qu'est le christianisme. Je ne crois pas au salut céleste et je ne crois plus au salut terrestre, auquel j'ai adhéré dans ma jeunesse durant la guerre. Ma propre tendance messianique m'a fait embrasser la doctrine messianique de Marx, prophète de la religion du salut terrestre. Aujourd'hui, si j'entretiens en moi le sentiment religieux, c'est au sens où ce mot veut dire « ce qui relie ». J'ai la religion de ce qui relie. Je crois au lien inséparable entre notre planète, la biosphère et chacun d'entre nous. C'est du reste un point où je reconnais une certaine supériorité à la philosophie du Bouddha sur celle de Jésus. La compassion chrétienne est limitée aux humains. Le christianisme, qui nous a façonnés, est une religion ouverte sur l'humain avec ces valeurs cardinales que sont la charité, l'amour et le pardon, mais elle est fermée à la nature et au monde animal. Le bouddhisme, quant à lui, immerge l'humain dans le cycle des reproductions du monde vivant. La compassion du Bouddha s'adresse donc à toutes les souffrances de toutes les vies.

Je suis pour une religion de troisième type qui est celle de la reliance : nous sommes reliés à la vie, qui est reliée à la Terre, qui est reliée à son soleil, qui est relié au gigantesque cosmos. Nous sommes, enfin, reliés à tous les êtres qui sont en nous, ancêtres, parents. Et nous devons nous relier aux autres hommes par des liens de fraternité. C'est une religion sans idoles, mais avec le sens du mystère, comportant la foi et le doute en même temps. C'est la religion des hommes perdus, idée que j'ai exprimée dans « L'Évangile de la perdition » (*Terre-patrie*). Nous sommes perdus ensemble, nous n'avons plus d'avenir radieux, de providence, mais nous sommes liés ensemble dans une aventure inconnue, incertaine et mystérieuse.

Montaigne

Montaigne m'est essentiel. Je l'ai lu dès l'âge de quinze ans. Dans *Le Vif du sujet,* je disais me sentir « fils de Montaigne et de Rousseau », mes classiques bien-aimés (avec Pascal). Le premier nourrissait ma tendance sceptique, autocritique, le second ma tendance contraire, sentimentale, romantique. De Montaigne, je tiens aussi cette idée essentielle que la plongée en soi débouche sur l'humaine condition, « surtout, ai-je ajouté, lorsque l'auto-scaphandrier est faiblement déterminé, cloisonné, spécialisé ». Montaigne sait qu'il porte en lui et exprime les contradictions essentielles de l'humanité. Avec lui, le sujet humain devient son propre thème d'étude, découvrant dans sa singularité « la forme entière de l'humaine condition ».

J'ai redécouvert Montaigne quand j'ai rédigé une préface pour *Les Juifs d'Espagne,* l'ouvrage dirigé en 1998 par Henry Méchoulan[1] et après avoir lu le *Spinoza* de Yovel[2]. J'ai découvert la complexité et la fécondité de ce que j'ai appelé le post-marranisme. Les « marranes » sont

1. *Les Juifs d'Espagne, Histoire d'une diaspora, 1492-1992*, Collectif, Henry Méchoulan (dir.), éd. Liana Lévi, 1998.

2. *Spinoza et autres hérétiques,* Yirmiyahu Yovel, tr. fr., Éric Beaumatin et Jacqueline Lagrée, Seuil, 1991.

les juifs d'Espagne et du Portugal convertis au christianisme, quelques-uns sont restés secrètement fidèles, eux et leurs descendants, à leurs croyances ancestrales, d'autres les ont oubliées au cours des générations. Certains ont vécu au plus profond d'eux-mêmes la collision des deux croyances et ont développé une double conscience. J'ai appelé « post-marranes » ceux d'entre eux qui, sous l'effet du choc entre les deux religions révélées, ont dépassé l'une et l'autre, développé une expérience psychologique qui leur a permis de se débarrasser des dogmes et de produire une pensée toute d'interrogation et de critique. Ils n'ont jamais perdu la mémoire des persécutions subies par leurs ascendants, l'ont intégrée dans leur conscience et se sont opposés à toutes les persécutions coloniales ou raciales, ce qui constitue l'un des plus profonds ferments de l'humanisme. Ils ont produit une pensée universaliste, post-religieuse, mais conservant en elle l'acuité du doute et de la critique. Quelques uns ont débouché sur le « Que-sais-je ? » comme Montaigne, d'autres, comme Spinoza, ont fondé une philosophie de l'immanence, où la divinité se confond avec l'être de la nature. Rien qu'à s'en tenir à Montaigne et Spinoza, le post-marranisme a nourri la culture européenne de deux de ses ferments les plus riches[1].

L'importance de ce post-marranisme a été sous-estimée. On a bien souligné que la Renaissance sut retrouver et régénérer la source grecque, ce qui permit en Europe l'essor de l'humanisme, le développement des sciences et d'une nouvelle philosophie, mais on continue à ignorer le rôle du post-marranisme dans l'origine de

1. Je pourrais ajouter parmi les post-marranes sous le signe desquels j'aime à me situer Cervantès et peut-être Shakespeare, dont un ascendant se nommait probablement Shapiro et qui fait exprimer par Shylock l'humanité du juif.

l'humanisme universaliste et de la modernité. Pourtant, l'apport de Montaigne à la rationalité autocritique fut plus radical que celui d'Érasme, l'apport de Spinoza à la libre pensée fut plus radical que celui de Descartes.

Montaigne est un post-marrane exemplaire dans sa pratique rationnelle et humaniste du scepticisme. Un faisceau de données convergentes nous indique son origine. Sa mère était issue d'une famille de *conversos* espagnols. Son père, Pierre Eyquem, à l'époque des mariages entre familles de même rang, aurait-il épousé une fille d'immigrés espagnols, s'il n'était lui-même de cette ascendance ? Son origine en tout cas est incertaine. L'œuvre elle-même de Montaigne est de toute façon révélatrice. Elle se nourrit aux Grecs et aux Latins, sans tenir compte des Évangiles. Dans *L'Apologie de Raimond Sebond*, Dieu est un être abstrait, sans aucun attribut particulier. On trouve par ailleurs chez Montaigne une conscience, sinon de la double identité, du moins une conscience de dualité intérieure : « je donne à mon âme tantôt un visage tantôt un autre selon le côté où je la couche » et « moi à cette heure et moi tantôt sommes bien deux ».

Le déchirement surmonté des deux religions déclenche chez Montaigne l'énergie critique de la pensée interrogative. En lui prend forme la souveraineté de l'esprit libre, lequel non seulement observe le monde, les mœurs, l'homme, mais s'observe lui-même et sait qu'il porte en lui-même le mystère de l'humaine condition. Il y a chez lui un « Qui suis-je ? », interrogation essentielle derrière le « Que-sais-je ? ».

Montaigne apporte à la culture française et à la culture européenne l'humanisme de compréhension et de compassion pour les opprimés et les persécutés, que l'on retrouve aussi chez un autre post-marrane, Bartolomé de las Casas, qui s'est fait dénonciateur des sévices et tortures subis par les Amérindiens et œuvra pour faire reconnaître par l'Église leur pleine humanité. Il réussit à faire reconnaître aux théologiens catholiques que les Indiens étaient doués d'âme au même titre que les Chrétiens, même si le Christ n'avait nullement songé à visiter les Amériques. Montaigne dénonça lui aussi la barbarie des conquistadors, comme il dénonça les aveux extorqués par la torture, la barbarie des guerres et toute forme de violence. Il est de ceux qui ont exprimé le meilleur de notre civilisation tout en exerçant un regard incroyablement critique sur son pire.

C'est un fait inouï, en pleine guerre de religion, que cette humanité et cette compassion montrées par Montaigne. Il annonce tous les *judéo-gentils* de l'avenir qui, marqués par les oppressions et persécutions subies par leurs ancêtres juifs, prendront la défense de tous les opprimés et persécutés : Noirs, colonisés, prolétaires... Au tout début de l'entreprise coloniale, où l'on méprise et asservit les indigènes d'Amérique, Montaigne exprime tolérance et compréhension pour les autres cultures. Son chapitre sur les cannibales est extraordinaire, où il conclut que la vraie barbarie est européenne, qui supplicie des ennemis vivants, alors que les cannibales se bornent à manger leurs ennemis morts. Cinq siècles avant Lévi-Strauss, il retire son privilège à la civilisation occidentale, montrant qu'elle appelle barbares les gens d'autres civilisations. Il reconnaît la valeur des autres civilisations, ce qui dans l'univers de la Chrétienté conquérante était une position incroyablement nouvelle. Avec cette relativisation, il apporte à la civilisation occidentale la possibilité de l'autocritique ; cette autocritique trouvera sa forme plaisante dans les *Lettres persanes* de Montesquieu, qui ethnographiera la France d'un regard perçant supposé persan.

Je dirai pour finir, que je me sens très proche du profond pédagogue que fut Montaigne. L'un des livres que j'ai consacrés à la question de l'éducation s'intitule d'ailleurs : *La tête bien faite*. L'auteur des *Essais* a dit, parlant de l'élève : « Je voudrais aussi qu'on fût soigneux de lui choisir un conducteur qui eût plutôt la tête bien faite que bien pleine. » Cela ne signifie nullement bien entendu que l'accroissement des connaissances est inutile, mais qu'il est essentiel de savoir organiser nos connaissances, d'apprendre à apprendre. Sur ce point l'apport de la rationalité sceptique de Montaigne est décisif. Connaître ce n'est pas arriver à établir des vérités absolument certaines, c'est savoir qu'il y a de l'inconnaissable et de l'inconcevable, c'est dialoguer avec l'incertitude. Comme je l'ai écrit dans *La tête bien faite*, c'est « la rationalité critique et autocritique [illustrée par Montaigne], qui justement permet de s'auto-observer et permet la lucidité ».

Descartes

Je suis sensible à certains aspects de la pensée de Descartes. Ainsi cette phrase que j'ai mise en exergue du cinquième volume de *La Méthode*, *L'Humanité de l'humanité :* « Si quelqu'un veut chercher sérieusement la vérité, il ne doit pas choisir l'étude de quelque science particulière ; elles sont toutes unies entre elles et dépendent les unes des autres ; mais il ne doit songer qu'à accroître la lumière naturelle de sa raison. » Mais je ne peux nier que la rationalité cartésienne me paraît moins profonde que celle de Pascal. Dans la *Vie de la vie*, j'ai fait toutefois une référence importante au *cogito* cartésien. À la différence des multiples exégèses du cogito, j'ai voulu considérer la logique opératoire intrinsèque du *cogito ergo sum* (« je pense donc je suis »).

Selon mon interprétation, le cogito est *ipso facto* réflexif et récursif. Le « je pense » constitue en fait un « je pense que je pense ». Mais cette réflexivité ne peut pas se prolonger à l'infini, comme dans un jeu de miroirs : je pense que je pense, donc je pense que je pense que je pense…

En fait cette réflexivité s'objective en un « je me pense moi pensant ». Cela produit un Moi pensé-pensant, lequel se ré-identifie au Je du « je pense ». Au terme d'un processus récursif, le Je devient un Moi, lequel est l'objectivation du Je. Le processus récursif produit l'auto-affirmation du sujet et génère la conscience du caractère fondamental de sujet. « Je suis » n'est nullement l'idée banale selon laquelle « j'existe ». « Je suis » signifie « je suis sujet ». C'est la qualité de sujet qui nous rend capables de réfléchir sur nous-mêmes, non seulement de réfléchir sur des idées et des objets, mais de nous réfléchir nous-mêmes au miroir de notre esprit. Possibilité admirable, même si elle est exposée à beaucoup de risques d'erreurs et d'illusions.

Ce processus remarquablement complexe est générateur. Il comporte une boucle qui, à partir de la conscience qui se réfléchit, génère récursivement la conscience de soi comme sujet cogitant. Le Moi généré génère récursivement le Je qui le génère. Le Moi (objet) revient sur le Je qui le pose et s'identifie à lui, tout en demeurant différent parce qu'il objective la subjectivité du Je. Le résultat est cette émergence de la qualité ontologique du sujet. Le sujet conscient s'affirme, se trouve, dans et par sa réflexivité génératrice.

Nous avons là une véritable boucle récursive qui lie, en un circuit générateur, 1) un Je initial, instance égocentrique exclusive, 2) un Moi objectivé en un être individuel qui s'identifie à ce Je initial, 3) je « suis », où se génère la modalité existentielle du sujet. Le Je final est aussi initial, mais dans ce processus il s'est reconnu à travers le Moi. Chacune de ces instances génère les autres et est générée par elles, l'unité de l'ensemble étant la spirale auto-génératrice du « Je suis ». C'est une spirale, car le Je se ré-objective et se re-subjective à nouveau, en une régénération permanente du cogito par lui-même.

Cette complexité n'ayant pas été vue, le cogito fut reçu intuitivement comme une « évidence ». C'est pourquoi j'ai écrit : « le sens du cogito demeure profond dans son mystère et appauvri dans ses élucidations », ajoutant que son sens est celui-ci : « Le cogito est la boucle du sujet conscient s'auto-reconnaissant, s'auto-constituant et s'auto-recommençant. »

Descartes lui-même n'a pas conçu cette complexité auto-génératrice qui constitue un sujet. Il a ignoré la relation de dépendance du sujet pensant au *computo* biologique (dont j'ai amplement traité dans *La Vie de la vie*), relation qui permet son émergence. Toute organisation vivante comporte une computation, c'est-à-dire un ensemble d'opérations cognitives qui permettent les relations internes (la relation ADN-ARN-protéines, les communications et échanges internes à l'organisme) et les relations avec le milieu extérieur où le vivant se nourrit et défend sa vie. Descartes n'a pas vu la nature de sujet de tout être vivant et il a posé le sujet hors de tout enracinement biologique. Du reste, ce que j'ai appelé *computo*, permet de comprendre que le moindre être, y compris la plus humble des bactéries, peut être ontologiquement défini comme un *sujet*. Chose admirable : les opérations du *computo* demeurent inconscientes au Je conscient. D'où la primauté accordée dans la tradition philosophique à la conscience pour définir l'idée de sujet.

Descartes a donc opéré une disjonction entre le sujet cogitant et le corps, instituant une séparation paradigmatique entre la *res cogitans* et la *res extensa*. Ainsi, comme je le disais alors : « Le sujet devient prince métaphysique et le règne scientifique de l'objet commence. Le sujet se dématérialise. L'objet se réifie. »

La disjonction âme/corps, si fortement opérée par Descartes, fera que l'on aura d'un côté un sujet métaphysique, non intégrable dans la conception scientifique, et de l'autre, l'objectivité scientifique non intégrable dans la conception métaphysique du sujet. Nous aurons la philosophie et la recherche réflexive sur le sujet, la recherche scientifique sur l'objet. Cette disjonction se répercutera en multiples dissociations qui traverseront de part en part notre univers culturel : Âme/Corps, Esprit/Matière,

Culture/Nature Qualité/ Quantité, Finalité/Causalité, Sentiment/Raison… On aura deux visions du monde tragiquement séparées : d'une part, un monde d'objets soumis à observations, expérimentations, manipulations, suscitant une science et une technique quantitatives, manipulatrices et glacées. D'autre part, un monde de sujets se posant des problèmes d'existence, de sens de la vie, de communication, de conscience, de destin. Cette tragique dissociation est celle qui caractérise ce que j'ai appelé le « paradigme maître d'Occident » ou « paradigme cartésien ». Il s'agit maintenant d'en sortir…

Pascal

Le plus grand, le plus proche penseur, c'est pour moi (en même temps qu'Héraclite) Blaise Pascal : Quelle puissance, quelle complétude dans l'inachèvement même des *Pensées !* Source radioactive, chacune d'entre elles m'incite à des méditations infinies. Pascal, ce sont pour moi les vérités fulgurantes qui surgissent, brusquement, dans le discontinu des *Pensées*. Je dois dire que l'inachèvement même de cette œuvre ajoute à sa grandeur.

Certaines œuvres sont grandes parce que non terminées. La forme aphoristique leur donne une violence singulière, comme on le voit chez Nietzsche. D'ailleurs, l'achèvement des *Pensées* en une œuvre apologétique aurait appauvri l'œuvre elle-même, il lui aurait donné une forme rationalisatrice, et c'est en somme la mort prématurée de Pascal qui a déterminé le chef-d'œuvre. J'ai lu Pascal très tôt et, aujourd'hui, je comprends ce qui me pascalisait et me pascalise à jamais : c'est le lien et le combat formidable et complémentaire entre la foi, la raison, le doute ; combat, complémentarité qui ont toujours été les miens.

Lors du discours sur Pascal que j'ai été amené à faire à l'Université Blaise Pascal de Clermont-Ferrand pour sa séance d'ouverture, j'avais été surpris de constater que Pascal, dans cette université, était réparti en morceaux séparés les uns des autres : Pascal polémiste, Pascal janséniste, Pascal savant, Pascal écrivain. Je note d'ailleurs que les *Pensées* ont généralement été ventilées côté littérature, parce que leur complexité n'a pu être intégrée dans la tradition philosophique occidentale. L'unité de Pascal demeure méconnue, sans doute parce qu'elle comporte en elle la présence de composants apparemment antagonistes.

La pensée des *Pensées* s'inscrit au carrefour d'une culture européenne qui, depuis la Renaissance, oppose foi et doute, raison et religion. La culture française est, au sein de la culture européenne, celle où s'est mené de la façon la plus radicale le débat/combat entre ces diverses instances, et Pascal est celui qui inclut, dans son propre esprit, ce combat qui oppose les esprits en France. Au lieu de voir dans la foi, le doute, la raison, la religion des instances ennemies et exclusives l'une de l'autre, il en fait les éléments, conflictuels mais aussi complémentaires, de sa propre tragédie intérieure.

L'opposition entre l'ordre absurde de la foi et l'ordre empirico-rationnel de la science s'accompagne chez lui d'une complémentarité dialogique de l'un et de l'autre. Foi, doute, raison, religion se rencontrent, s'entre-combattent et se nourrissent l'un de l'autre. La grandeur de Pascal est d'avoir rendu complémentaire et fécond leur affrontement. Ces caractères auraient dû permettre de mieux reconnaître l'unité complexe de l'œuvre pascalienne. Au lieu de cela, on a sur cette œuvre des vues partielles et séparées l'une de l'autre.

Le tétragramme pascalien

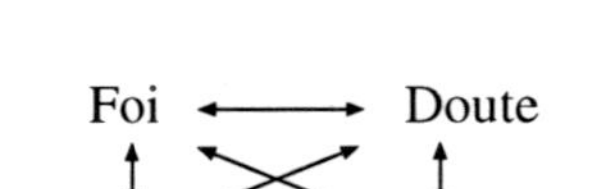

Ce tétragramme signifie que la foi pascalienne s'alimente aux trois moments du doute, de la raison, de la religion et qu'elle les alimente en retour. Chaque relation de ce tétragramme est d'opposition et de complémentarité.

Le doute. Ainsi la foi de Pascal se nourrit de doute. C'est un fils authentique de Montaigne, qu'il n'a cessé d'admirer et dont il a intégré les idées. Il connaît la relativité de toutes les vérités dans le temps et l'espace. Il a conscience que tout peut être mis en doute, y compris la légitimité du pouvoir des grands, y compris même Dieu, qui ne peut être rationnellement prouvé. Il a utilisé la raison pour montrer les limites de la raison. Il a formulé un indispensable principe d'incertitude logique : « Ni la contradiction n'est marque de fausseté, ni l'incontradiction n'est forme de certitude. » Son esprit critique ne s'arrête d'ailleurs pas à la critique, il se poursuit en critique de la critique comme on le voit dans le *Discours sur la condition des grands*.

La raison. Pascal est un adepte rigoureux de la rationalité, un esprit scientifique dans le sens où il combine l'usage de la raison et l'utilisation de l'expérimentation ; il est un pionnier de la science moderne. Une part de son activité intellectuelle eut un caractère scientifique et elle suscite toujours l'admiration. Il est inventeur de « la machine arithmétique » (1645). Il imagina l'expérience que fit Périer le 19 septembre 1648, qu'il confirma lui-même du haut de la tour Saint-Jacques et qui l'amena à renverser la croyance universelle que la nature a horreur du vide.

La rationalité de Pascal n'est pas close sur elle-même. Elle le conduit à prendre vive conscience des limites de la raison elle-même, à concevoir la connaissance comme inséparable de l'inconnaissable et du mystère, car l'homme est « infiniment éloigné de comprendre les extrêmes, la fin des choses et leur principe sont pour lui invinciblement cachés dans un secret impénétrable ». Il a compris qu'une science qui croit tout éclairer aveugle, que la science véritable est celle qui arrive à la connaissance de l'ignorance : « Les sciences ont deux extrémités qui se touchent. La première est la pure ignorance naturelle, où se trouvent tous les hommes en naissant. L'autre extrémité est celle où arrivent les grandes âmes qui, ayant parcouru tout ce que les hommes peuvent savoir, trouvent qu'ils ne savent rien et se rencontrent en cette ignorance d'où ils étaient partis ; mais c'est une ignorance savante, qui se connaît. »

La rationalité de Pascal est inséparable de la conscience que la foi ne peut se fonder en raison. Elle s'accompagne de la conscience qu'il y a un ordre supérieur que la raison ne connaît pas, qui a ses raisons propres et qui est celui de la charité. Cela conduit Pascal à l'Évangile : « L'unique objet de l'Écriture est la charité. »

La religion. Pascal est un chrétien fervent, qui a vécu l'illumination de la Croix. Sa foi est inséparable de l'expérience mystique de la nuit du 23 novembre 1654, « Joie, joie, joie, pleurs de joie », expérience de « feu » désormais décisive pour toute sa vie. Mais sa foi porte en elle l'incertitude, qui vient du doute et de la raison, et ainsi elle ne mutile ni l'un ni l'autre. Unamuno dira plus tard « O Fe, sin duda, no hay fe » : « Ô Foi, sans le doute, il n'y a pas de foi ». Pascal fait ainsi de la croyance en Dieu un pari, utilisant d'ailleurs le doute et le calcul rationnel pour justifier un pari qui reste marqué par l'incertitude qu'il dépasse.

Foi, doute, raison, religion. Dans cette tétralogie, les quatre termes sont à la fois complémentaires et antagonistes. Pascal se sert de la raison pour montrer les limites de la raison et pour nourrir son doute, il se sert du doute et de la raison pour dévoiler un ordre de réalité supérieur et inaccessible à la raison, il alimente ainsi sa foi et sa religion de doute et de raison. Tout cela lui permet d'énoncer très rationnellement sa foi absurde : *credo quia absurdum.*

L'ensemble conduit au pari : puisqu'il n'y a plus de preuve rationnelle de Dieu, plus de preuve absolument évidente pour l'esprit, Pascal fonde sa foi sur un pari, où il faut voir bien plus qu'un calcul de joueur : l'intégration mutuelle et inséparable du doute, de la raison et de la foi. Le pari est d'une importance considérable, c'est le point réellement fort des *Pensées.* Car toute la partie apologétique de cette œuvre est une impasse. On se rend bien compte que l'on ne peut fonder une foi sur des miracles. Toutes les religions ont leurs miracles. Comment dire que seuls les miracles chrétiens sont les bons ? Et puis l'idée de justifier à tout prix le christianisme, comme la meilleure des religions, la plus vraie, cela devient de la rationalisation, cela devient une forme d'égarement. En revanche, quand on s'en tient au pari, quand on reste à l'idée du *credo quia absurdum*, on est au plus près de ce qu'est une foi véritable.

Certes, je n'ai pas compris tout de suite, quand j'ai commencé très jeune à lire Pascal, la vérité moderne et fondamentale du pari. J'ai découvert progressivement que toute foi, toute croyance, non seulement la croyance en Dieu, mais aussi en la Révolution, en l'homme, en la science, en la raison, en l'éthique, en l'amour, est également un pari dont il faut absolument être conscient.

L'anthropologie complexe

Cette tétralogie accompagne chez Pascal le sens profond de la contradiction, ce qui l'inscrit dans une voie, minoritaire en Occident, mais admirable, qui va d'Héraclite à Hegel. Cela fait de lui notre plus profond anthropologue, sensible à la complexité humaine, voyant essentiellement en l'homme un tissu de contradictions. « Quelle chimère est-ce donc que l'homme ? Quelle nouveauté, quel monstre, quel chaos, quel sujet de contradiction, quel prodige ! Juge de toutes choses, imbécile ver de terre ; dépositaire du vrai, cloaque d'incertitude et d'erreur ; gloire et rebut de l'univers. »

Les pensées anthropologiques pascaliennes sont marquées de complexité humaine : la vraie éloquence se moque de l'éloquence, se moquer de la philosophie est vraiment philosopher etc. Il a conscience de la dialogique de sagesse et de folie qui caractérise la condition humaine, ne cherchant nullement à minimiser la folie, lui reconnaissant un caractère inéluctable et paradoxal : « Les hommes sont si nécessairement fous que ce serait être fou par un autre tour de folie de n'être pas fou. » C'est ainsi, dans et par les contradictions qui assaillent sans relâche son esprit, que Pascal a reconnu l'inséparabilité de la misère et de la grandeur de la condition humaine : « imbécile ver de terre ; dépositaire du vrai, [...] gloire et rebut de l'univers ». Ce sont de telles phrases, comme aussi celle-ci : « Connaissez donc, superbe, quel paradoxe vous êtes à vous-même », qui m'ont permis de concevoir l'idée d'une anthropologie complexe où l'homme est approché comme inséparablement *demens* et *sapiens*, et particulièrement de mettre en relief la dimension irréductible de folie, de démence, d'hallucination, mais aussi de rêves, d'extases, d'emportements amoureux qui nous constitue.

L'actualité de Pascal

Penseur de la complexité de l'être humain dans le monde, Pascal est d'une actualité inouïe. L'effondrement du déterminisme absolu dans la science, l'effondrement d'une conception téléguidée de l'histoire en ascension vers le progrès, tout cela constitue un retour profond de l'incertitude dans la connaissance. La conscience rationnelle accrue des limites de la raison, y compris scientifique (Popper, Gödel, et autres), le confirme. Le surgissement des apories en toutes les avancées de la pensée scientifique nous fait retrouver spontanément l'idée de Pascal (et de Niels Bohr) selon laquelle le contraire d'une vérité profonde n'est pas une erreur, c'est une autre vérité profonde.

Pascal nous a situés entre deux infinis, ce qui a été amplement confirmé par la microphysique et l'astrophysique du XXe siècle. Quand il écrit : « Qu'est-ce qu'un homme dans l'infini ? Qui peut le comprendre ? », il présume déjà notre vertigineuse petitesse au sein d'un lilliputien système solaire et d'une galaxie naine, dans un cosmos s'étendant sur des milliards d'années-lumière. En écrivant que l'homme est comme égaré « dans ce canton détourné de la nature », il imaginait presque la marginalité de notre terre, troisième satellite d'un soleil, astre perdu dans une galaxie périphérique, parmi des milliards de galaxies d'un univers en expansion. En écrivant qu'un ciron peut contenir « une infinité d'univers dont chacun a son firmament, ses planètes, sa terre », il suppose déjà notre incroyable gigantisme par rapport au monde subatomique, sans encore se douter que nous sommes constitués par des milliards de milliards de particules et traversés incessamment par des milliards de neutrinos. Ainsi, les ultimes avancées des sciences de la nature arrivent à la situation paradoxale, déjà annoncée par Pascal, où la connaissance aboutit au Mystère : « Nous avons beau enfler nos conceptions au-delà des espaces imaginables, nous n'enfantons que des atomes au prix de la réalité des choses. »

La rationalité défendue par Pascal est d'un caractère supérieur à celle de Descartes. Elle introduit une causalité interactive, rétroactive et en boucle. Pascal écrit : « Toutes choses étant causées et causantes, aidées et aidantes, médiates et immédiates, et toutes s'entretenant par un lien naturel et insensible qui lie les plus éloignées et les plus différentes, je tiens impossible de connaître les parties sans connaître le tout non plus que de connaître le tout sans connaître particulièrement les parties. » Quand j'ai retrouvé cette phrase, j'ai réalisé qu'elle exprimait, de la façon la plus dense et la plus admirable, ce à quoi j'étais arrivé après un long travail. Ainsi je découvre que les pensées maîtresses de Pascal ont germé en moi, que je leur étais fidèle, parfois même sans le savoir, et qu'elles ont éclairé mes élaborations que je croyais nouvelles.

Cette formule de Pascal s'oppose à celle de Descartes qui pose la nécessité, dans son *Discours de la méthode*, de « séparer toutes choses et de diviser chacune des difficultés que j'examinerai en autant de parties qu'il se pourra et qu'il sera requis pour les mieux résoudre ». Mais en fait elles sont complémentaires. Nous devons associer les deux démarches, de disjonction et de conjonction, de simplification et de complexification, et les penser comme antagonistes et complémentaires.

Cette formule pascalienne, « toutes choses étant causées et causantes… », devrait être inscrite en lettres d'or sur le fronton de toutes les universités du monde. Elle rompt avec la causalité linéaire et la pensée simplificatrice qui règnent encore au XXIe siècle. Elle illustre et illumine la nécessité, devenue vitale pour la connaissance, la pensée, l'action, de dépasser les compartiments disciplinaires, et de redécouvrir les problèmes fondamentaux et globaux de l'humanité. Pascal nous pousse, m'a poussé, comme je l'ai fait dans *L'Identité humaine*, à concevoir une anthropologie complexe où *homo sapiens* est aussi *demens*, *homo faber* est aussi imaginaire et mythologique, *homo œconomicus* est aussi *homo ludens*, où l'homme n'est pas seulement prosaïque, voué aux tâches utilitaires, mais poétique, voué à la communion et à l'amour.

Travailler à bien penser

Enfin Pascal nous donne une leçon éthique plus nécessaire que jamais. « Travailler à bien penser, voilà le principe de la morale », dit-il. Cela signifie que l'éthique, qui ne peut se réduire à la connaissance objective, doit avoir cependant connaissance des conditions objectives où elle s'exerce. Le lien entre savoir et devoir doit être sans cesse assuré, sans que nos devoirs puissent espérer se déduire de nos savoirs. L'éthique ne peut se satisfaire des bonnes intentions. Elle doit mobiliser l'intelligence pour affronter la complexité de la vie, ce que pour moi signifie « bien penser ». La conscience intellectuelle est à distinguer, certes, de la conscience morale, mais leur lien et leur inséparabilité doivent être maintenus.

« Bien penser », signifie pour moi abandonner les points de vue des savoirs séparés qui ne savent pas voir l'urgence et l'essentiel ; décloisonner les savoirs, voir le tout dans les parties et les parties dans le tout ; s'efforcer de concevoir des solidarités entre les éléments d'un tout, et par là tendre à susciter une conscience de solidarité ; connaître les contextes et reconnaître la complexité des situations où nous devons agir, comprendre en particulier qu'il y a une « écologie de l'action », qui peut souvent détourner nos actions de leur sens voulu et les orienter même en sens contraire, ainsi nos intentions morales peuvent aboutir à des résultats immoraux ; reconnaître et affronter incertitudes morales et contradictions éthiques, comprendre que le bien et le mal ne peuvent pas toujours être facilement distingués, savoir que nos devoirs éthiques sont souvent antagonistes, voire inconciliables, car nous avons des devoirs envers nous-mêmes, envers nos proches, envers la société, envers l'espèce, envers notre Terre-patrie ; reconnaître les puissances d'aveuglement ou d'illusion de l'esprit humain, ce qui comporte une lutte contre les déformations de la mémoire, les oublis sélectifs, l'autojustification, l'auto-aveuglement ; inclure dans la connaissance objective la connaissance subjective du sujet qui connaît, dans la connaissance des objets la compréhension humaine, c'est-à-dire la reconnaissance de la complexité humaine... Voilà un peu de tout ce que j'entends dans « bien penser ».

Cela nous ramène au pari pascalien. Comme je l'ai dit, je ne le conçois pas comme un pari en Dieu, mais en l'homme, en la science, en la raison. Il me fait comprendre la nécessité d'agir dans l'incertitude et le risque pour toutes nos valeurs. Cela comporte une nécessité de penser les conditions de l'action et d'élaborer une stratégie capable de se modifier elle-même.

Je n'ai pas le mysticisme du croyant en une religion révélée, mais le mysticisme de la relation profonde avec la poésie de la vie, avec l'enthousiasme, qui signifie être possédé par le sublime. J'ai la religion de ce qui relie, et ma religion de la fraternité comporte un inévitable pari en l'homme. J'ai en moi un tétragramme qui correspond aux temps post-pascaliens, c'est-à-dire que j'associe l'humanisme des Lumières et le romantisme de la vie, l'attachement indéfectible à la rationalité, et la conscience du grand Mystère auquel aboutit la plus haute connaissance.

Spinoza

Je me sens de la descendance de Spinoza. Spinoza refuse de s'inscrire dans une religion révélée. Dans le *Traité Théologico-politique*, il ramène le message de la Bible à un contenu éthique, dans l'*Éthique, il* refuse le Dieu transcendant des Hébreux et des Chrétiens. Sa pensée se constitue au-delà du judaïsme, du christianisme, du messianisme aussi bien juif que chrétien. Il ne croit en aucune élection juive, écrivant dans le *Traité Théologico-politique :* « un individu juif considéré seul, en dehors de la Société et de l'État, ne possède aucun don qui le mette au-dessus des autres [...], il n'y a aucune différence entre lui et un gentil », ajoutant : « Les Hébreux n'ont pas excellé sur les autres nations par la science ni par la piété. » Il subit d'ailleurs l'équivalent de l'excommunication (le *herem*) de la part de la Synagogue d'Amsterdam en 1656 : « À l'aide du jugement des saints et des anges, nous excluons, chassons, maudissons et exécrons B. de Spinoza [...]. Qu'il soit maudit le jour, qu'il soit maudit la nuit. » Ben Gourion, fondateur de l'État d'Israël, souhaitait d'ailleurs que fût levée cette malédiction, mais la Synagogue s'y refusa et Levinas lui-même s'y opposa, car, selon ses termes : « Spinoza exerça une influence décisive et anti-juive [...]. Il existe une trahison de Spinoza[1]. » Un maudit,

1. Le cas Spinoza, dans *Difficile Liberté. Essais sur le judaïsme*, Albin Michel, 1963, p. 144-145.

un exclu, un marginal, voilà ce qu'était Spinoza (et qu'il reste en partie pour l'intégrisme juif).

Il est exemplairement post-marrane : il ne se convertit pas au christianisme, tout en dépassant sa composante juive. Il est post-marrane quand il fait de la haine, une « passion triste », le ciment qui a conservé l'identité des Hébreux à travers les siècles. Il montre que cette passion mauvaise a soudé les nations contre les juifs, comme elle a soudé les juifs contre les nations : « une haine née de la dévotion, de la piété [...], ce qu'il y a de plus fort, de plus irréductible ». Il ajoute : « Les autres nations ne purent manquer de les haïr aussi de la haine la plus violente[1]. » Ce qui est d'une très grande lucidité sur cette boucle récursive où la haine de l'un et la haine de l'autre se co-produisent l'une l'autre.

Son orientation post-marrane le préserve de la haine, dont il dira dans l'*Éthique* qu'elle est toujours mauvaise. Sur ce point, je me sens profondément spinozien. Je hais la haine, je méprise le mépris, je rejette ce qui rejette. Je n'ai jamais anathémisé, exigé de vengeance, demandé l'interdiction d'une parole, d'une idée ou d'une musique. Toutes les mises à l'index m'ont toujours fait horreur, que ce soit sous l'occupation, à la Libération ou pendant l'épisode stalinien, où quelqu'un qui était un « camarade », un frère, devenait brusquement un proscrit haïssable.

Le refus de la haine, le besoin profond d'amour, d'amitié, de fraternité sont pour moi des germes essentiels de l'éthique. Je les retrouve chez Spinoza, dans son sens de la tolérance, son horreur de la violence et des persécutions. Son message profond est de lier Connaissance, Compréhension, Joie et Amour, termes qui renvoient l'un à l'autre et qui donnent valeur et sens à la vie humaine.

1. *Traité Théologico-politique*, chap. XVII, § 23.

Il représente une version du post-marranisme différente de celle illustrée par Montaigne. Il est l'autre maillon essentiel qui relie le marranisme à la modernité. Le dépassement du conflit des deux religions ne l'amène pas au scepticisme ni à un rationalisme abstrait, mais à une rationalité fécondée par les pensées de Machiavel, de Hobbes et de Descartes, les intégrant et les dépassant.

Je dois avouer que je ne goûte guère sa volonté de cohérence quasi mathématique. L'« ordre géométrique » de l'*Éthique* me rase un peu. Par contre j'adhère entièrement à son *Deus sive Natura :* « Dieu ou, si l'on préfère, la nature… ». L'idée d'immanence (le refus d'un Dieu transcendant créateur), l'idée d'une nature autocréatrice, l'idée de placer la créativité dans la nature, dans le monde vivant et, bien entendu, dans le monde humain, c'est tout cela l'extraordinaire modernité et fécondité de Spinoza.

De plus sa pensée politique est incroyablement moderne, déjà toute libérale, avec sa distinction rigoureuse des instances religieuses et politiques, sa volonté d'écarter les fanatiques religieux de tout pouvoir politique, sa revendication pour chacun de penser librement : « Il faut concéder à chacun le pouvoir de penser ce qu'il veut et de dire ce qu'il pense. »

Pour conclure, je rappellerai que j'ai élaboré la notion de « spinosant[1] », complémentaire de celle de post-marrane ou de « judéo-gentil ». Un spinosant n'est pas un « spinoziste », un expert en Spinoza, mais celui pour qui le mot « juif » cesse d'être un substantif et devient un adjectif. J'écrivais dans *Mes Démons :* « C'est un adjectif parmi d'autres, mais pas de même nature que les autres, parce qu'il porte en lui beaucoup de souffrances et une insondable différence. »

1. J'écris intentionnellement « spinosant » et non « spinozant ». Je voudrais inciter à oser ce que Spinoza osa.

Rousseau

J'aime ce Genevois, totalement autodidacte, d'une sensibilité inouïe, qui, après toutes sortes d'aventures, débarque à Paris dans le milieu des philosophes et y manifeste tout de suite la profondeur de son inspiration, une inspiration qui était à la fois littéraire, politique et philosophique. Il scandalisera bientôt les philosophes qui l'avaient d'abord accueilli les bras ouverts.

La puissance créatrice de cette pensée autonome me frappe. Parce qu'elle est autodidacte, parce qu'elle n'a pas subi l'*imprinting* des idées dominantes, elle est très neuve et très profonde. C'est à nouveau le côté aérolithe, comme chez Montaigne, comme chez Spinoza. Comme dans le cas de Montaigne et de Spinoza, sa pensée est inattendue, mais en fait elle était attendue, parce que son expression révèle un besoin inconscient, muet, au sein de la culture européenne.

Il partage avec Montaigne, la vertu de l'examen sincère et autocritique, qui dans *Les Confessions* a la candeur extrême de croire que sincérité est synonyme de vérité. Comme Pascal, Rousseau est le cas exemplaire d'un penseur ayant su concevoir une anthropologie, mais alors que Pascal s'interroge sur la misère, la folie et la grandeur humaines, Rousseau s'interroge sur le fondement de la relation humaine à la nature. Plus encore, comme je l'ai écrit dans *Le Vif du sujet :* « Rousseau qui se tint au foyer central de la science de l'homme, de la doctrine politique, de la sensibilité moderne, de l'âme et de la rêverie, [...] nous révèle en fait une connexion mystérieuse entre les diverses dimensions de notre existence. »

Rousseau a apporté cette idée fondamentale de la nature conçue comme un tout vivant, vital, avec lequel l'homme doit chercher l'harmonie et la réconciliation. Cette idée de retrouver une relation ombilicale perdue avec la nature, en même temps que de retrouver notre propre nature, est formidablement nouvelle et moderne. Elle n'existait pas chez ses contemporains les philosophes. Et je dois dire qu'un livre comme *Le Paradigme perdu* a été écrit dans l'esprit du *Discours sur l'origine de l'inégalité*, car j'y cherchais, à travers les plus récents acquis de l'anthropologie, de la préhistoire, de l'éthologie, à saisir le « paradigme perdu » de la nature humaine. Je veux dire le lien qui unit en l'homme, inséparablement et contradictoirement, la nature et la culture. Ce lien était devenu invisible dans un système du savoir où les connaissances étaient compartimentées et sans communication mutuelle : les sciences biologiques d'une part, les sciences humaines d'autre part. Or Rousseau est l'un des rares penseurs à avoir su comprendre l'uni-dualité humaine, faite de culture et de nature, l'homme étant à 100 % nature et à 100 % culture.

Rousseau a très tôt exprimé pour moi un élan fondamental au-delà du doute et de la raison. Les penseurs et écrivains sceptiques comme Montaigne et Anatole France, les rationalistes comme Voltaire m'étaient essentiels, mais j'avais le besoin profond de penseurs qui vivent des expériences affectives, qui exaltent la sensibilité, la communion avec les êtres et la nature. Et ce qui me touche chez Rousseau, c'est un sens de la poésie qui s'exprime de la façon la plus extraordinaire dans les *Rêveries du promeneur solitaire*. Les merveilleuses pages relatant une promenade dans l'île Saint-Pierre constituent pour moi un grand moment de mysticisme. Le mysticisme n'est pas nécessairement religieux. Il peut naître autour d'un verre de vin bu entre amis, il peut naître devant l'être aimé, devant le spectacle de la nature.

Et d'ailleurs ce que je trouve de plus proche de moi chez Rousseau, ce sont ces états poétiques, quasi extatiques des *Rêveries*. Le romantisme les exaltera à son tour, mais c'est Rousseau, le premier, qui les exprime. Il donne à la nature une importance quasi maternelle, matricielle. Très jeune, j'ai goûté longuement *Les Rêveries*. J'ai adoré la mer, la montagne, longtemps je n'ai pu écrire que devant une fenêtre ouverte sur les paysages toscans. J'ai le besoin rousseauiste de nature ancré au plus profond de mon être.

Rousseau est celui qui, en plein siècle des Lumières, montre que la raison, cultivée seule, a un caractère abstrait et inhumain. Il a presque l'intuition de ce que Hegel appellera « *Vernunft* » : la raison vivante, par opposition à « *Verstand* », l'entendement, la raison abstraite. Il montre le caractère barbare et mutilant de la rupture entre l'humain et le naturel, entre l'humain et l'animal. Ce point provoquera les sarcasmes de Voltaire qui lui écrira, après avoir reçu le *Discours sur l'origine de l'inégalité :* « On n'a jamais employé tant d'esprit à vouloir nous rendre Bêtes. Il prend envie de marcher à quatre pattes quand on lit votre ouvrage. »

Il faut dire que les philosophes du siècle des Lumières ont eu tendance à ne pas comprendre des choses essentielles comme l'animalité, la folie, le mythe, la religion, l'affectivité, parce que ces choses échappaient à leur raison sans complexité. Pour Voltaire, la religion n'était qu'une invention des prêtres, une supercherie pour berner les peuples. Ce rationalisme n'a pas compris les racines profondes du besoin religieux, du besoin de salut, du besoin de mythes. Il s'est enfoncé dans la rationalisation, c'est-à-dire dans le délire abstrait d'une raison qui n'a pas conscience des limites et des insuffisances de la raison. Il a pourtant forgé à son tour un mythe : celui d'un univers totalement rationnel, d'une nature totalement maîtrisable par la technique (« nous rendre maîtres et possesseurs de la nature » avait dit Descartes), d'une humanité guidée par la raison vers le progrès, le progrès, conçu par Condorcet comme une loi inéluctable de l'histoire, devenant Providence.

L'homme naturel

Rousseau formule dans le *Discours sur l'origine de l'inégalité* l'idée d'homme naturel, et cette idée suppose, non pas qu'il existait à l'origine une humanité idyllique dans un jardin d'Éden, mais qu'il existe des potentialités humaines qui sont inhibées dans les civilisations, réprimées dans nos sociétés. Les civilisations deviennent une certaine forme de décadence et de corruption des capacités naturelles de l'être humain. Cette idée a couru dans notre culture de Rousseau à Heidegger, mais elle est toujours restée marginale. Elle entraîne une interrogation sur le progrès, qui apparaît dès lors comme une notion problématique. Le progrès n'est plus conçu comme un gain permanent. La question devient même : que perd-on quand on gagne un progrès, un progrès technique, un progrès matériel ?

C'est ainsi qu'il faut comprendre cette autre idée profonde de Rousseau de « bonté naturelle » de l'homme ; elle ne signifie pas davantage qu'il existait un homme bon avant l'homme civilisé, mais que la bonté, dans la civilisation et dans la société, est inhibée, corrompue, étouffée. Elle montre que nous avons des capacités de bonté méconnues, non exploitées, dormantes. Aujourd'hui, elles sont méconnues, en particulier à cause des rigidités, des scléroses, des compartimentations, des hyperspécialisations dont souffrent nos sociétés. Mais une régénération éthique de l'humain est toujours possible. Cette idée est profonde et essentielle. Elle rejoint pour moi celle d'homme générique dont parlera le jeune Marx. « Générique », c'est-à-dire qui détient des capacités de génération et de régénération. Cette idée reste formidablement actuelle. Nous devons penser qu'aujourd'hui se révèlent des forces génératrices et régénératrices, de manière dispersive et embryonnaire, et elles pourraient arriver à se déployer.

L'acuité de Rousseau, c'est d'avoir montré qu'il y a de la régression anthropologique dans le progrès historique. Ce dernier peut recouvrir, scléroser des virtualités humaines. Bien entendu, il a parfois dénoncé la civilisation moderne d'une façon sommaire, mais le fond de sa pensée reste très riche et, pour nous, je le redis, très actuel. Nous redécouvrons aujourd'hui l'idée rousseauiste des régressions dans le progrès. L'écologie, l'agriculture bio montrent une prise de conscience qui va dans ce sens : nous éprouvons la nécessité de faire un grand détour par le passé, pour nous régénérer un avenir. Cela passe également par un ressourcement dans nos puissances maternelles/matricielles, un ressourcement dans notre nature-mère et notre Terre-patrie.

La bonne société et la volonté générale

Même si Rousseau pense que la civilisation dégrade ce qui est le meilleur de l'humain, il n'en songe pas moins aux moyens de créer une société meilleure, ce qu'il fait aussi bien dans *Du Contrat social* que dans son *Émile*. Ce souci d'une bonne société, régénérée avec ce que les hommes ont de meilleur, les philosophes n'en ont pas compris l'importance. Ils se sont empressés d'adhérer au despotisme éclairé, qui implique le mépris de toute souveraineté populaire. Voltaire est même tombé dans des illusions comme celle de l'empereur chinois modèle de sagesse. Le même ironisait sur l'origine populaire de Rousseau, rappelant que son père était horloger. Et c'est vrai que Jean-Jacques était un plébéien, aimant le peuple. Il fut le premier des philosophes à faire de ce mot de peuple un mot sacré, un mot d'amour et de respect, le premier à déclarer que seul est légitime un régime populaire. Il en fait même une personne : le peuple, c'est le souverain. Pour la première fois, les rois, les despotes éclairés, les systèmes oligarchiques sont radicalement écartés de la souveraineté.

Il faut à ce propos aborder cette idée qui peut se révéler dangereuse, mais qui est aussi tellement importante, de la volonté générale. Rousseau a bien compris qu'une volonté générale n'est pas l'addition des volontés particulières, qu'elle est une émergence, qualité nouvelle par rapport au tout que forment les volontés particulières des citoyens. Certes, il ne disposait pas du mot « émergence », mais il a conçu l'idée. (Bien entendu, on voit tout de suite les déviations perverses de cette idée. Elles apparaissent quand un parti se dit l'interprète légitime de la volonté générale et étouffe toutes les volontés des citoyens.)

C'est d'ailleurs ce qu'établit le théorème d'Arrow : à partir de la somme des aspirations individuelles, on ne peut pas élaborer une aspiration générale. La volonté générale doit être pensée de manière récursive et complexe. Tout d'abord, il y a dans le tout quelque chose de plus que dans la somme des parties. La volonté générale est ainsi une qualité systémique (une émergence), non réductible aux qualités isolées des composants du système (ici, les citoyens). Ensuite, il faut voir que le tout est aussi quelque chose de moins que la somme des parties, puisqu'il rétroagit sur ces dernières, les inhibe en quelque sorte.

Ainsi, la volonté générale peut naître à partir des volontés individuelles des citoyens, le vote pouvant exprimer ce processus, mais elle ne s'impose pas moins aux citoyens et ignore leurs aspirations particulières. Une notion comme la volonté générale n'est pas intelligible par la logique classique, elle ne peut être comprise que de manière complexe et récursive.

Apprendre à vivre

En 1994, j'ai écrit, sur une suggestion de Jack Lang, alors ministre de l'éducation, « quelques notes pour un Émile contemporain ». Je n'ai jamais cessé depuis de mettre sous le signe de Rousseau toutes mes propositions pour une réforme de l'éducation, rappelant ces mots magnifiques de l'auteur de l'*Émile :* « Vivre est le métier que je veux lui apprendre. » Rousseau est d'ailleurs dans ma perspective un pédagogue indissociable de Montaigne : « une tête bien faite » et « apprendre à vivre » sont deux objectifs indissociables et complémentaires.

La mission de l'enseignement est en effet de transmettre, en même temps que des connaissances spécialisées, une culture générale qui permette de comprendre notre condition et de nous aider à vivre ; cette mission est impensable et impossible si l'on ne favorise pas chez l'élève une façon de penser libre et ouverte, ce qui inclut de s'ouvrir aux grands problèmes qu'affronte tout être humain, de saisir les complexités du réel.

C'est aujourd'hui une urgence. L'accroissement des informations et la diversification des savoirs sont tels qu'il nous faut des outils pour transformer informations et savoirs en connaissance maîtrisée et intégrée. En outre, le savoir formalisé est de plus en plus la propriété des spécialistes et les problèmes humains relèvent de plus en plus de la compétence des techniciens et des experts. Le citoyen est dépossédé. Cette dépossession du savoir est très mal compensée par la vulgarisation médiatique, et cela pose le problème désormais capital de la nécessité d'une démocratie cognitive.

Il est désormais essentiel de dépasser la coupure aggravée entre la culture des humanités et la culture scientifique. La culture scientifique rejette par méthode les questions philosophiques, et elle ne possède pas les outils pour se penser elle-même. Quant à la culture humaniste traditionnelle et à la philosophie, elles ignorent la science d'aujourd'hui, qui peut pourtant leur fournir la plus importante matière à réflexion et à méditation sur l'univers, la vie, l'humain. Le monde technique et scientifique voit dans la culture des humanités un luxe superflu. Le monde des humanités, de son côté, ne voit dans la science qu'un agrégat de savoirs limités. Ce morcellement, cette compartimentation sont tragiques : le moulin de la culture humaniste ne reçoit pas le grain de la science, la science ne dispose pas de la réflexivité philosophique. Il est essentiel de comprendre que seule l'intercommunication de ces deux cultures nous restituera la compréhension de nos problèmes fondamentaux, et nous fera renouer avec la tradition qui, de Montaigne à Rousseau, et jusqu'à Camus, s'est toujours posé le problème de la condition humaine.

Cette réforme de la pensée, qui doit s'accompagner d'une réforme de l'éducation et d'une réforme de vie, nous ferait retrouver le cœur de cet apprentissage de la vie, que proposait Rousseau. Elle comporterait l'enseignement d'une anthropologie complexe, source d'humanisme. Nous devons enseigner la conscience humaniste et éthique d'appartenance à l'espèce humaine, complétée par la conscience du caractère matriciel de la Terre pour la vie, et de la vie pour l'humanité. Cela nous conduira à abandonner le rêve dément de conquête et de maîtrise de la nature formulé par Bacon, Descartes, Buffon, Marx, et qui a animé l'aventure conquérante de l'Occident.

Voltaire ou Rousseau ?

J'avais écrit en 1948 un article pour les *Lettres françaises*, où je disais : « C'est Rousseau le grand esprit révolutionnaire qui se penche sur le XXe siècle. C'est de lui que part, non seulement la théorie politique de la révolution, de la démocratie, mais la grande révolution de la sensibilité. » Et je citais Jean Cocteau : « D'Ermenonville part toute la sensibilité moderne. » Je remarquais que les révolutionnaires ont vu en lui, et non en Voltaire ou Diderot, le père de la Révolution.

J'ajoutais, en ce qui concerne les philosophes, particulièrement les encyclopédistes : « Les philosophes détruisaient avec une belle énergie, mais ils finissaient par saper les bases mêmes de leur action révolutionnaire. Sous leurs armes critiques se dissolvait, se pulvérisait la personne humaine, réduite à un agrégat d'impressions sensibles (Condillac) ; la nature (cette totalité qu'on peut appeler aussi le monde extérieur) réduite à une poussière de faits isolés ; la moralité réduite à des rapports passionnels et exigée uniquement selon les normes de l'égoïsme réfléchi ; la religion elle-même si justement attaquée, n'était pas comprise par les philosophes, parce que considérée comme une invention absurde des prêtres. »

Aujourd'hui, même si je reconnais toujours l'antagonisme de Voltaire et des Lumières d'une part, de Rousseau d'autre part, je ne les place plus en alternative. Les révolutionnaires les avaient en fait associés. Le second romantisme les a unis. Le romantisme des Romantiques devenus vieux comme Hugo ou Lamartine, ou le romantisme des jeunes de la seconde moitié du XIXe siècle, comme Rimbaud, intègrent le message des Lumières et de Rousseau, et ce double message devenu unique se voue au progrès humain et à l'émancipation des opprimés. Il est l'antidote aux barbaries du XXe siècle, comme aux barbaries d'aujourd'hui.

Il faut à la fois intégrer et dépasser les Lumières. Intégrer leur énergie critique, mais dépasser leur rationalité abstraite, l'« entendement » de Hegel ; elles se sont montrées incapables de saisir la nature même de la religion, des croyances, des mythes. Marx plus tard, lui-même héritier des Lumières, saura pourtant sentir le profond besoin anthropologique présent dans les religions, qu'exprime le soupir de la créature opprimée et malheureuse. Il ne faut pas oublier qu'intervient aussi, dans la religion, le besoin anthropologique de communauté, que Rousseau ressuscite génialement, en même temps qu'il ressuscite le sentiment, méprisé par la froide raison, et suscite l'amour de la nature. Cela ne l'empêche pas de produire une pensée très rationnelle, comme dans *Du Contrat social*.

Nous avons besoin autant de raison que d'au-delà de la raison. C'est pourquoi je garde Rousseau et Voltaire ensemble dans mon esprit. Ils sont en dialogique dans mon univers mental, ils sont, dans leur opposition même, complémentaires.

Hegel

J'ai commencé à lire Hegel en pleine guerre, en 1942, à la suite de ma première découverte de Marx. Je suis donc venu à Hegel par Marx. J'ai lu la *Logique* dans la seule traduction disponible à l'époque, celle d'Auguste Véra. J'ai lu ensuite *La Phénoménologie de l'Esprit* dans la traduction d'Hyppolite qui venait de paraître. Je tirai aussi grand profit des *Morceaux choisis* par Henri Lefèvre et Nathan Guterman. Ce fut pour moi l'éblouissement : je découvrais une pensée qui affrontait les contradictions et se proposait de les surmonter. Je découvrais que la contradiction se trouvait au fondement de l'être, de la vie, de la pensée. Ainsi, dans la *Logique*, la notion d'être est, dans son indétermination, équivalente à celle du non-être, tout en lui étant contradictoire. La vie, elle, est « l'union de l'union et de la non-union ».

Ma première lecture de Hegel, comme du reste ma première lecture de Marx, est marquée par les années de guerre. Il y eut chez des amis de combat une « vulgate hégéliano-marxiste » que nous avions conçue spontanément et dont je mis du temps à me débarrasser. Mais dans cette vulgate notre Hegel n'était pas, comme le croient ceux qui ne le connaissent que de l'extérieur, le philosophe du système totalisant ou de l'Esprit absolu, et aujourd'hui il reste pour moi le penseur de la contradiction et du devenir.

Hegel m'a tout de suite été proche. J'y ai vu un penseur qui affronte les contradictions. Je vivais déchiré moi-même dans des contradictions : la foi, le doute, l'espérance, le désespoir. Je vivais aussi dans la contradiction, propre aux années de guerre et de résistance, entre vivre et survivre. J'étais jeune, je voulais vivre, je voulais aimer, penser... Donc je reculais devant un engagement qui pouvait signifier la mort. Mais survivre n'est pas vivre. Vivre, c'était aussi pour moi m'engager, risquer ma vie. J'aurais pu écouter ma peur de la mort et choisir de survivre, mais je pouvais aussi choisir le risque de mort pour vivre intensément. C'est dans ces circonstances que j'ai lu les magnifiques pages de la *Phénoménologie de l'Esprit* où Hegel soutient que penser et conserver sa liberté, c'est affronter courageusement et explicitement la mort : « C'est seulement par le risque de sa vie que l'on conserve sa liberté. »

La dialectique

Hegel offrait une vision de la vérité complexe qui me fut immédiatement lumineuse et répondait à mon besoin : une idée close, figée, abstraite, séparée de la totalité dont elle fait partie, était fausse ; une connaissance limitée était vraie dans la mesure où elle exprimait une parcelle de la totalité, mais elle était fausse en tant qu'elle était isolée. L'abstraction pour Hegel est ce qui isole du contexte et de l'ensemble. On pouvait ainsi sauver les vérités isolées de l'erreur qui réside dans leur isolement même, en les articulant à d'autres vérités, même antagonistes. La vérité était la totalité, et cette idée d'une intégration des vérités isolées dans un tout qui les conserve et les dépasse, m'a encouragé et légitimé dans mes aspirations adolescentes à assembler, relier les différents champs du savoir et de la connaissance, à articuler ce qui est disjoint en un mouvement « encyclopédant » (je veux dire par là l'art, la méthode qui met le savoir en cycle et ne néglige aucune des dimensions les plus variées du savoir). La dialectique m'apparaissait comme l'effort même pour adhérer à ce mouvement, en affrontant et assumant les idées contraires comme les idées partielles, en faisant éclater leurs gangues, en les entre-fécondant pour que jaillisse une synthèse qui les dépasse tout en les intégrant.

Bien entendu, je pressentais que la totalité était inaccessible, que cette totalité que je cherchais était en mouvement, toujours inachevée, se faisant et se défaisant. Du reste, je l'ai dit, je n'ai jamais senti de pertinence aux critiques de Hegel qui voyaient en son système la quête d'un prétendu savoir total et absolu (puisque la totalité se défait et se refait dialectiquement dans le devenir). Mais je ne voyais pas encore que croire posséder la totalité est l'erreur suprême, ce que je découvris vers 1957 dans la phrase d'Adorno : « La totalité est la non-vérité. »

Surtout, je découvre dans Hegel une pensée qui accepte et assume la contradiction, qui se développe dans l'antagonisme permanent des idées, et qui retrouve toujours un nouvel antagonisme quand elle a surmonté l'antagonisme qu'elle subissait. Le « dépassement » (*Aufhebung*) conservait les antagonismes et les points de vue isolés mais les intégrait, et arrivait par là à une conception supérieure et plus riche. J'étais enchanté de découvrir qu'au-dessus de la raison limitée de l'entendement, *Verstand*, il y avait une raison supérieure qui se nourrissait de la contradiction au lieu de la rejeter : la raison dialectique, *Vernunft*. Et je comprenais que mes deux polarisations philosophiques antagonistes, d'une part la rationalité des Lumières (Voltaire), le scepticisme (Montaigne), d'autre part le romantisme, l'élan du cœur (Rousseau), pouvaient se complémentariser.

Les pages admirables sur les sophistes grecs dans la *Phénoménologie de l'Esprit* m'ont beaucoup marqué. Dans le mouvement même de la dialectique hégélienne, le doute devenait le « négatif », c'est-à-dire l'énergie même de l'esprit ; cette énergie comportait en elle-même la possibilité de nier la négation, et par là de dépasser le scepticisme sans jamais éliminer le travail du négatif. Ainsi le scepticisme n'est pas qu'incertitude et corrosion, il est aussi énergie critique. Je pouvais donc conserver mon doute critique au sein de mon élan vers les au-delà. Doute et contradiction devenaient, non plus stérilisants, décourageants, mais féconds et toniques. Plus profondément, je pouvais ainsi intégrer dans la dialectique ma dialogique spontanée, le double foyer en yin/yang qui animait mon esprit : à la fois assumer doute et conviction, assumer mes contradictions comme vérités et forces positives.

La ruse de la raison

Le sentiment que mes contradictions fondamentales étaient désormais sinon surmontées, du moins acceptées, a libéré mon besoin de foi : celle-ci se cristallisait dans l'idée du salut de l'humanité et je sentais le besoin pressant de m'y consacrer. Toutefois, à la différence de ceux qui voyaient en l'URSS l'incarnation terrestre de la cité heureuse, j'avais vivement conscience des déviations perverses et horribles qui étaient en elle. Mais je pensais qu'il fallait accepter et assumer, en regardant vers l'avenir émancipateur, le mal jugé provisoire et circonstanciel du système soviétique (dû, pensais-je, à l'encerclement capitaliste et au poids de l'arriération tsariste).

C'est alors que m'a servi la notion hégélienne de « ruse de la raison ». J'apprenais de Hegel que la raison se sert de processus apparemment irrationnels ou d'actes voués à des intérêts apparemment particuliers, pour réaliser des buts rationnels et universels. Dans certaines circonstances, on croit n'agir qu'en fonction de ses intérêts égoïstes, mais on agit en fait, sans le savoir, pour une œuvre collective. Ainsi, la soif de conquêtes de Napoléon a été la ruse de la raison historique pour répandre les idées de la Révolution française en Europe.

Déjà, mon maître en histoire de la Révolution, Georges Lefebvre, m'avait enseigné que des processus peuvent être déclenchés, qui aboutissent à des résultats contraires aux intentions qui les avaient initiés. Cela rejoignait la question de la barbarie. Pouvait-on penser que des processus barbares, comme le nazisme, finiraient par produire, à l'échelle de l'histoire, des effets positifs ? La conquête de la Grèce par Rome fut d'une sauvagerie inouïe, mais l'effet historique fut une paix impériale qui donna le statut de citoyen romain à tout habitant de l'Empire. Ainsi « la Grèce vaincue avait vaincu son farouche vainqueur » (Horace).

J'avais lu d'ailleurs un article de Simone Weil paru avant la guerre dans *Les Nouveaux Cahiers*. Elle se demandait si une hégémonie allemande sur l'Europe ne conduirait pas le nazisme à être vaincu par sa propre victoire et n'ouvrirait pas la voie, à la longue, à un socialisme européen à visage humain. L'Allemagne hitlérienne ferait en quelque sorte l'Europe socialiste en croyant faire l'empire nazi. Bien entendu ces suppositions s'effondrèrent, car la barbarie nazie se déchaîna jusqu'au paroxysme à mesure qu'elle faiblissait militairement. En outre, j'avais déjà initié mon engagement dans la Résistance et adhérais progressivement au communisme stalinien. Dès lors, je transposai l'argument de Simone Weil sur l'Union soviétique, en y ajoutant l'idée hégélienne de ruse de la raison.

Il me faut dire qu'au moment où j'adhère au communisme stalinien, ma culture politique forgée dès l'adolescence me permettait déjà de comprendre que les procès de Moscou étaient des farces grotesques et tragiques. Le livre de Georges Friedmann, *De la sainte Russie à l'URSS*, celui de Gide, *Retour d'URSS*, celui de Boris Souvarine sur

Staline m'avaient assez éclairé sur le prétendu paradis soviétique et sur la démence du culte à Staline. Mais j'ai pensé que tous ces effets pervers et barbares étaient une ruse de la raison pour maintenir la cohésion des peuples extrêmement différents de l'Union soviétique, en même temps que d'autres peuples qui communiaient de cette façon dans l'adoration de Staline. L'URSS incarnait la marche en avant du devenir humain et cela permettait de justifier, cette fois par Marx, que la seule *praxis* révolutionnaire était celle qui s'inscrivait dans le communisme mondial incarné et guidé par l'Union soviétique.

Je pouvais, à nouveau, entretenir une double conscience. Je reconnaissais d'un côté toutes les insuffisances et perversités du système stalinien, de l'autre, je les incluais comme « moments » du devenir historique. Je trouvais fondées les critiques trotskistes au stalinisme, mais je leur reprochais dans le même temps leur méconnaissance naïve des ruses de la raison. Cet hégélianisme a été le soubassement de mon marxisme, et il me permit de renforcer et de cristalliser mon adhésion au communisme stalinien, désormais conçu comme stade certes barbare, mais inévitable et nécessaire pour sauver l'humanité de la barbarie. Mon marxisme fut ainsi animé de l'intérieur par la dialectique hégélienne.

Certaines notions hégéliennes servirent à m'aveugler. Ainsi la notion de « belle âme » dans la *Phénoménologie de l'Esprit* me servit, dans les années d'après-guerre, à me blinder de cynisme et d'ironie à l'égard de ceux qui, comme Camus, opposaient un refus moral, éthique au stalinisme. J'ai perçu dans Camus la figure de la « belle âme » qui, face au rationnel de l'Histoire, se réfugie dans la protestation morale. Dans son attitude, je ne voulais voir qu'un repli subjectif, une défaite intellectuelle, l'abandon des servitudes et des sacrifices qu'impliquait le combat révolutionnaire. Et c'est l'une des choses que je regrette le plus aujourd'hui : d'être passé à côté de cet être humain d'exception qu'était Camus.

Comme je l'expose dans *Autocritique* (1959), nous étions nombreux, dans mon écosystème mental d'alors, à avoir pris notre parti, après le triomphe du nazisme, la guerre d'Espagne, l'échec du Front Populaire, la guerre mondiale, de la faillite des grandes espérances. Nous pensions qu'il fallait ajuster nos rêves à la réalité, que le réel historique avait raison contre nos rêves. Non que nous renoncions absolument à nos rêves. Mais il s'agissait d'obéir à l'histoire pour espérer la transformer. Et Hegel et Marx nous apparaissaient comme deux titans qui avaient impitoyablement guerroyé, l'un contre le « devoir être », l'impératif catégorique kantien, la morale subjective, les bons sentiments, la belle âme, l'autre contre l'« idéalisme » et l'utopie. Certes, je sentais sourdement que cette façon d'opposer le réel et l'Histoire en marche, à toute critique, toute utopie, toute révolte morale, était une forme d'aveuglement sur le réel et sur l'Histoire. Tout en étant fasciné par la magie du Logos hégélien, gagné moi-même par la ferveur du fait accompli, je ne voulais pas me laisser écraser par eux.

Il me faut encore signaler que plus tard, au cours de la grande réorganisation intellectuelle qui me mit sur la voie de la *Méthode*, je serai frappé par la pensée éco-systémique, et elle me montrera à nouveau la fécondité de l'idée de ruse de la raison. À partir des interactions myopes entre individus, plantes, animaux, naît de proche en proche un système éco-organisateur, lequel rétroagit sur les individus constitutifs du système et régule l'ensemble de leurs activités. Ainsi le système ruse avec les individus qui croient n'agir que pour le leur propre compte, alors qu'ils mettent aveuglément en œuvre le système qui intègre leurs tendances égoïstes et égocentriques.

La totalité est la non-vérité

Progressivement, à partir de 1947, je fus la proie de contradictions que je ne pouvais plus traiter et « dépasser » avec ma machine mentale hégélianisée. Mon esprit ne transformait plus les ignominies et le crétinisme staliniens, mensonges, procès en sorcellerie, stupidités jdanoviennes, en scories inévitables d'un processus historique émancipateur. Cet affaiblissement de mon marxisme de guerre atteignait son soubassement, la dialectique hégélienne elle-même. J'ai cessé de croire en un « dépassement » des contradictions. Il y a des contradictions qui sont indépassables, et cela dans tous les domaines, physiques, biologiques, humains. Je découvre aussi Bataille, le surréalisme. Une crise existentielle me rend sensible à la philosophie existentielle de Kierkegaard et à sa critique de l'hégélianisme. Dans les années *d'Arguments*, je découvre Adorno, ainsi que, par Kostas Axelos, les textes récents de Heidegger.

Et surtout, je me sentais écrasé par la contradiction entre l'exigence éthique qui animait mon communisme et le système qui niait cette exigence en la ridiculisant comme stérile, réactionnaire et petite-bourgeoise. La foi éthique, inhérente à l'espérance révolutionnaire de l'émancipation, indissociablement liée en moi au travail du doute, ne pouvait sans cesse s'humilier et s'automutiler.

Le merveilleux système hégéliano-marxiste éclata sous les effets conjugués du doute, des exigences rationnelles, de la révolte morale. Je compris que mon système était contradictoire avec lui-même, sa prétendue rationalité choquait avec trop de virulence l'élan d'espérance qui la portait. Cette contradiction-là n'était plus au-delà de la logique aristotélicienne, mais en-deçà de toute logique, y compris « dialectique ». Elle ne pouvait être gérée ni vécue. Ma foi se trouvait investie dans ce qui suscitait en moi un doute de plus en plus rongeur, mon espérance était placée dans ce qui me faisait désespérer et me faisait horreur.

Je réalisais la nature toujours quelque peu intempérante et dévergondée de la dialectique hégélienne : thèse et antithèse donnent une synthèse. Il y avait toujours un troisième terme qui dépassait euphoriquement la contradiction. La dialectique demeurait une idée précieuse, mais je voyais désormais son danger : elle pouvait faire roue libre hors du réel, et résoudre les contradictions par des prestidigitations. Dans le même temps, mes études anthropologiques, dans *L'Homme et la mort*, dans *Le Cinéma et l'homme imaginaire*, m'ont aidé à comprendre l'irréductibilité des contradictions. J'ai compris que la pensée peut sans doute dépasser certaines contradictions, mais non celles qui sont fondamentales. Le jeu des antagonismes m'est apparu comme étant en lui-même producteur, ce que l'euphorie d'une synthèse finit toujours par oublier.

Cette rupture me ramena aux contradictions premières et me poussa à élaborer une conception qui les réaffrontait, mais les assumait aussi sans les « dépasser ». La *dialogique* (même si je ne disposais pas encore du terme), pour laquelle les contradictions sont à la fois antagonistes, conflictuelles et complémentaires, commençait dans mon esprit à prendre la place de la dialectique hégélienne, sans pour autant la renier. La dialogique est pour moi une héritière de la dialectique hégélienne sans ses risques d'intempérance.

L'idée de totalité perdit l'attrait irrésistible que je lui avais d'abord trouvé. Il n'y avait plus pour moi de système totalisant, intégrant la connaissance et l'action, l'éthique et le politique. L'éthique m'apparaissait maintenant dans son exigence propre, certes en relation complexe avec le politique, mais aussi constituant un domaine autonome et irréductible. En outre, elle se montrait désormais problématisante et problématique. Elle ne pouvait plus oublier l'incertitude, le doute, le pari pascalien.

Je comprenais de mieux en mieux que toute totalité est inachevée, fragmentée, morcelée. Il ne s'agissait pas d'y renoncer, mais d'intégrer en elle son contraire qui la désintègre. Ce fut l'apport décisif d'Adorno : « La totalité est la non-vérité. » Cela ne signifiait pas qu'il fallait renoncer à toute aspiration au savoir global, mais que cette aspiration ne pouvait pas être satisfaite et qu'un système totalisant était illusoire. Il fallait plutôt associer tout savoir partiel à la conscience du tout en tant que tout.

Je maintenais donc mon aspiration à une connaissance multidimensionnelle, antidote à la pensée unidimensionnelle, alliant les savoirs partiels et les points de vue généraux, le tout avec désormais la conscience du caractère et inachevée et inachevable de toute connaissance humaine.

Le concret

Même si je ne crois plus aux merveilleux pouvoirs de la dialectique hégélienne, Hegel reste pour moi une référence capitale. Il est vrai que je voyais dans la dialectique, je continue d'y voir la pensée qui accepte et assume la contradiction, qui vit dans l'antagonisme permanent des idées, à l'intérieur d'elle-même. Beaucoup ne voient dans Hegel que le système abstrait, réducteur et négateur des singularités de l'existence. Je trouvais plutôt, je trouve toujours que la pensée hégélienne est la plus concrète qui soit, parce qu'elle affronte les contradictions du réel et de l'existence. Et j'ai toujours été sensible au mouvement même de cette pensée, à son corps à corps ininterrompu avec ce qui, dans l'existence, échappe à la rationalité. J'y voyais le combat/copulation entre l'idée et le réel. Du reste, la pensée hégélienne « remise sur ses pieds » par Marx débouchait sur « la praxis révolutionnaire », c'est-à-dire l'action concrète dans le réel. On échappait au monde de la spéculation « idéaliste » pour entrer dans la lutte de vie et de mort qui, pour nous, à cette époque, était dotée de la plus intense charge existentielle.

Je n'ai pas moins été sensible, je l'ai dit, à la critique existentialiste du système hégélien par Kierkegaard. Car l'une des contradictions que je ressentais le plus violemment et le plus dramatiquement était celle du rationnel avec l'irrationnalisable, de tout système d'idées avec la réalité existentielle. Je pensais désormais que la dialectique était profonde dans son corps à corps avec l'existence (qui implique la contradiction, l'incertitude, le doute), mais erronée quand elle prétendait dépasser ce corps à corps.

Tout en restant hégélien, j'intègre donc la critique de Kierkegaard. Elle vaut contre toute tendance à construire un système clos, et contre cette tendance qui pousse à s'effacer soi-même de son système. Non seulement à effacer sa propre existence, avec ce qu'elle suppose d'incertitude, d'aléatoire, d'incroyable, d'affectif (tout ce qui se trouve, non pas oublié chez Hegel, mais quasi dissous dans sa construction systématique), mais aussi à effacer le sujet dans l'acte de connaissance. Toute ma *Méthode* expose ce point central : pas de connaissance d'un objet, pas d'objectivité, sans tentative d'auto-connaissance du sujet connaissant.

Je continue à considérer la pensée hégélienne comme un magnifique exemple de pensée du concret. Il faut évidemment s'entendre sur le sens de ce terme. Ce n'est pas seulement le singulier, le sensible, le charnel. Je suis loin de nier l'importance extraordinaire de cette expérience qu'est l'immédiat, la saveur d'un vin, le goût d'un aliment… Il y a un contenu indépassablement concret dans les mille jouissances de la vie, comme dans les mille douleurs. Mais le concret, c'est aussi autre chose. C'est le complexe. Quand on comprend un homme dans toute sa complexité, on est dans son concret. Le concret, c'est la capacité de relier les uns aux autres les différents aspects d'une même réalité qui semblent contradictoires, hétérogènes, en tout cas logiquement non compatibles. Autrement dit, on est dans le concret quand on refuse les réductions, les simplifications.

C'est du reste la très profonde idée que l'on trouve dans ce texte de Hegel qui m'a beaucoup marqué : *Qu'est-ce que penser abstrait ?* Penser abstrait c'est réduire un ensemble complexe à un seul de ses traits. Hegel cite dans ce texte une vieille marchande à qui une servante déclare que ses œufs sont pourris. « Quoi ? réplique la marchande, pourris, mes œufs ? Pourrie toi-même ! » Et la vieille femme de noircir la servante : son père était un gueux, sa mère une quasi-prostituée partie derrière l'armée française, sa grand-mère est morte à l'hospice, elle s'habille comme une coquette, elle vend ses charmes à des officiers pour les quelques colifichets qu'elle porte, sa patronne devrait la jeter en prison, elle a des trous à ses bas… Voilà de la pensée abstraite. La marchande a ramené tous les traits de la servante au crime d'avoir jugé pourris les œufs qu'elle vendait. À partir de ce qu'elle a estimé être un crime, elle a entièrement criminalisée une personne.

Dans ce même texte on trouve cette parole essentielle de Hegel sur l'assassin : « Voilà donc ce qu'est la pensée abstraite : ne voir dans le meurtrier que cette abstraction d'être un meurtrier, et, à l'aide de cette qualité simple, anéantir tout autre caractère humain. » Cela reste pour moi l'un des principes éthiques les plus fondamentaux et les plus nécessaires, celui de la *compréhension*, qui est un sens des complexités humaines : ne pas réduire un être humain à l'une de ses défaillances et, même, ne pas enfermer, ne pas réduire un être humain à son crime, ni même à sa criminalité.

Pour conclure, je dirai que Hegel, penseur de la complexité, est bien un penseur des contradictions. Si en surface, dans son système, il les intègre et les présente comme dépassées, en profondeur, elles sont pour lui indépassables. Il m'est toujours essentiel et il m'inspire toujours, même s'il m'a égaré quelquefois. Il m'a intoxiqué et désintoxiqué. Churchill a dit quelque part : « Ce que j'ai retiré de l'alcool est beaucoup plus important que ce que l'alcool m'a retiré. » Moi, je peux dire : « L'enivrement que j'ai tiré de l'hégélianisme est beaucoup plus important que les toxines qu'il a pu m'apporter » (sans compter que cet enivrement même m'a guéri de ces toxines).

Marx

Je suis entré tout naturellement et progressivement dans Marx et presque dès le moment où j'ai commencé, dans les années d'avant-guerre à m'intéresser à la politique. Un ami, Georges Delboy, dont le professeur de philosophie était le communiste Maublanc, avait éveillé mon attention en me présentant le marxisme comme science humaine fondamentale et comme une forme de connaissance permettant la création d'une société meilleure. L'idée qui m'a tout de suite captivé est celle d'une science de la société comme condition et préalable à un changement profond de la société.

L'homme générique

J'avais étudié la science économique, mais le centre de gravité de mon marxisme n'était pas économique. Certes, j'admettais que le développement des forces productives et la lutte des classes étaient les moteurs de l'histoire, mais la lecture des *Manuscrits de 44*, et particulièrement le *Manuscrit économico-philosophique* qui m'a profondément marqué, a très vite déplacé le foyer de mon intérêt sur l'anthropologie. L'idée essentielle de « l'homme générique » a été au noyau de mon adhésion à Marx. Ce texte est celui où naît sans doute mon idée d'anthropo-sociologie, une anthropologie fondée sur l'unidualité humaine (l'association antagoniste et complémentaire de nature et de culture en toute réalité humaine). Marx y annonçait en particulier : « Un jour, les sciences de la nature engloberont la science de l'homme, tout comme la science de l'homme englobera les sciences de la nature : il y aura une seule science. » Cela signifiait pour moi que les deux sciences devaient s'embrasser l'une l'autre, qu'aucune ne devait annexer l'autre, mais que l'une et l'autre devaient tisser une relation dialectique indissoluble.

Alors que les marxismes officiels étaient exclusifs et exclueurs, mon marxisme fut tout de suite ouvert et intégrateur. Il ne me détourna pas d'autres écoles de pensées. Il correspondait à mon désir d'alors de tout embrasser, à mon aspiration à une totalité du savoir, que ma lecture de Hegel renforçait dans le même temps. Mon marxisme m'invitait fondamentalement à travailler en traversant les frontières des disciplines, à chercher les transversa lités, les complémentarités entre les domaines du savoir. Les disciplines (économie, sociologie, psychologie, histoire) n'étaient que des catégories, utiles certes, mais limitantes, et il me fallait saisir les problèmes anthropo-sociaux dans leur multidimentionnalité. J'y voyais la possibilité d'une connaissance du tout en tant que tout, permettant d'intégrer ce que le savoir universitaire sépare, en particulier les sciences de la nature et les sciences de l'homme.

Le terme d'« homme générique », dont j'ai emprunté au jeune Marx l'idée première, désigne pour moi l'aptitude à générer et régénérer toutes les qualités humaines, ainsi qu'à considérer les innombrables autres virtualités humaines non encore réalisées. Einstein disait que nous n'utilisons que 15 % des capacités de notre cerveau – ce n'est pas le chiffre qui compte, mais l'idée que nous gardons des potentialités cérébrales inexploitées.

« Générique » exprime donc la présence, comme autant de germes, de capacités de génération et de régénération.

Je parle là d'une aptitude qui est en-deçà et au-delà des spécialisations, des fermetures, des compartimentations. Elle est analogue aux potentialités des « cellules mères » de l'embryon, incluses également dans la moelle osseuse de l'adulte, et qui sont capables de régénérer les membres lésés, de générer de nouveaux organes, voire de permettre le clonage d'un nouvel organisme.

Nous rejoignons l'idée profonde de Rousseau qui voyait dans les capacités naturelles de l'être humain, étouffées ou perverties dans la civilisation, des germes de régénération. Ces capacités tendent en effet à s'endormir, à se scléroser dans les civilisations et elles doivent souvent attendre une irruption, une éruption pour se manifester. Ainsi, il fallut l'éruption révolutionnaire en 1789 en France pour que les forces génératives présentes virtuellement dans la société de l'Ancien Régime puissent se manifester. C'est le sens que je donne à une formule de Heidegger : « [Le commencement] ne gît pas derrière nous [...] mais il se dresse devant nous[1]. » Pour progresser, il faut retrouver la source générative. Pour maintenir un acquis, il faut sans cesse le régénérer. Tout ce qui ne se régénère pas dégénère.

La praxis

L'idée de *praxis*, « les philosophes n'ont fait qu'interpréter le monde de différentes manières, il s'agit maintenant de le transformer », jointe à celle de l'homme générique, arriva à point nommé, en pleine guerre, pour renforcer mon engagement dans la résistance et dans le stalinisme. Elle me permettait d'assumer avec bonheur mes contradictions, de les affronter, enfin et surtout de

1. *L'auto-affirmation de l'Université allemande,* trad. Gérard Granel, Éditions Trans-Europ-Repress (T.E.R.), 1987, p. 11.

les surmonter par la *praxis* révolutionnaire. J'écrivais à l'époque : « Réintégration dans la praxis : fin de la conscience malheureuse. » Le jeune Marx montrait qu'on ne pouvait résoudre les problèmes et déchirements philosophiques que dans la *praxis*, qui apportait le dépassement de la philosophie. J'étais frappé par l'énergie inouïe avec laquelle Marx avait uni dans une même conception théorie et pratique. Plus tard, j'écrirais dans *Arguments :* « Le génie de Marx est d'avoir voulu, dans ce qu'il appelait praxis, associer, entre-féconder, entre-déchirer, la philosophie, la science et l'action. »

Il s'ajoutait à cela que l'adhésion au communisme stalinien m'apportait un sentiment de communion et de fraternité. Ma première entrée dans le marxisme était portée par un élan d'amour pour l'humanité, comme je le retrouve dans ces lignes qui doivent dater de 1942 ou 1943 : « Marxistement, l'effort de toute vie humaine est d'atteindre l'essentiel. L'essentiel, ce n'est plus l'absolu de l'idée hégélienne, mais les rapports d'amour entre les humains. Le libre amour est cet essentiel de la vie. Et aussi la libre connaissance. »

La *praxis* telle qu'elle m'apparaissait chez le jeune Marx, était ouverte, elle était portée par une vision dialectique de l'histoire humaine. Cette dialectique même, certes inachevable dans son principe, pouvait être couronnée en permettant, voire en provoquant le saut historique capital dans une nouvelle société où serait abolie l'exploitation de l'homme par l'homme, où l'homme se libérerait des aliénations, dont les aliénations religieuses.

Ici Marx et Hegel étaient pour moi hautement et indissolublement complémentaires. L'action révolutionnaire m'apparaissait comme le dépassement hégélien des contradictions entre mon romantisme et mon scepticisme, mon besoin de foi et ma désespérance. J'ai écrit dans *Autocritique :* « Il y avait quelque chose, dans mon hégélianomarxisme, qui convenait à mon complexe de scepticisme et de messianisme. J'éprouvais une satisfaction affective à combiner mes espérances infinies au travail obscur, patient, qui s'adapte à la lenteur de l'histoire. »

Ce qu'il m'a fallu assez longtemps pour comprendre et que je ne comprendrai complètement qu'en me libérant tout à fait du communisme stalinien, c'est que la « patience » hégélienne du concept, et les lenteurs de l'histoire qui tarde à accoucher de la société communiste, se traduisaient par une adhésion cynique au « réalisme » soviétique et une sclérose de la conscience éthique, comme de l'intelligence. Cela détruisait l'esprit même de la *praxis* politique, où je voyais l'affrontement complémentaire de la conscience, de l'intelligence, de l'action. La *praxis*, dans ce qui m'intéressait en elle, était la vérification mutuelle de l'intelligence par l'action et de l'action par l'intelligence. Mais dans le « réalisme soviétique », l'unité conflictuelle et féconde de la pensée marxiste se décomposait, ce qui conduisait au sacrifice de l'intelligence et de la conscience.

Dans le même temps, le matérialisme historique devenait un déterminisme mécanique qui à son tour se dégradait en fatalisme quasi religieux. De brillantes intelligences, des esprits critiques devinrent des dévots de l'Histoire et de son Grand Tribunal, croyant à la quasi-divinité du Parti-du-Prolétariat. Cet aveuglement accompagnait certes une irrésistible adhésion à la puissance magique du communisme, il exprimait un besoin de fraternité, une aspiration à la libération du genre humain, un besoin irrésistible de changer la vie. Et la possibilité du salut était la zone d'ombre d'où étaient issues toutes ces ferveurs, mais aussi toutes les erreurs. La source radioactive de l'aspiration au salut se transformait en prophétisme sclérosé, l'espoir se dégradait en messianisme d'église, l'humanisme en religion officielle de l'homme. Cela conduisait à relativiser et à justifier les pires exactions du régime soviétique, au nom du « réalisme », des ruses de l'Histoire, de la « raison historique » et de son Tribunal sacré.

La « révision » du marxisme

Dans *Autocritique* (1959), je décris les mécanismes mentaux qui ont pu expliquer ces dérives hallucinantes, en même temps que j'expose les déchirantes révisions auxquelles je dus soumettre, pour moi-même, les concepts hégéliano-marxistes de « désaliénation », de dialectique, de *praxis*, de ruse de la raison, de dédain des « belles âmes » et des grands cœurs. Je constatai que ces solutions m'étaient devenues des problèmes. J'avais trop cru aux belles synthèses dialectiques : synthèse de la pensée et de l'action dans la praxis révolutionnaire, réalisation de la philosophie dans le communisme, belle totalité humaine libérée de ses « aliénations »... Je comprends désormais que la désaliénation est illusoire. La conception d'un homme surmontant ses aliénations n'était-elle pas elle-même une aliénation ?

La dislocation de la praxis, qui n'est plus la synthèse harmonieuse de l'action et de la connaissance, me fait retrouver les deux questions fondamentales : Que sais-je ? Que faire ? Je redécouvre que la connaissance se trempe dans le risque, qu'elle implique le doute, l'incertitude, la critique rationnelle, rongeuse mais salutaire. Perdant ma foi dans la mission historique du prolétariat, je prends à nouveau conscience du caractère problématique de toute action, prise dans les contradictions entre l'utopie et la réalité, l'improbable et le probable. Par ailleurs, je ne réduis plus l'utopie au « sollen » (le « devoir-être ») dévalorisé par Hegel et Marx. L'utopie ne peut être conçue seulement comme une fuite hors du réel. Elle s'insère dans le réel. Elle est un ferment d'action. Et il m'apparaît désormais que tout ce qui élimine l'idéal, l'imaginaire, le rêve, le virtuel devient mort et fossilisé.

L'éthique, je l'ai dit, devenait désormais pour moi autonome, comme auto-éthique. J'entends par là une éthique qui n'est plus faite de règles morales, mais intègre l'idée pascalienne de travailler à bien penser, ce qui implique d'inclure l'auto-examen, le doute, le sens de la relativité, de la complexité humaine, des complexités de l'action, des complexités de l'histoire. C'est une éthique qui ne s'évanouit plus devant le fait historique et le « jugement de l'Histoire ». Dans *Autocritique*, j'écrivais : « L'Histoire mondiale est le tribunal suprême disait Hegel ; mais c'est un tribunal qui a toutes les faiblesses et les duretés d'un tribunal humain. [...] aussi, je dois, malgré ma pente, récuser les arrêts du pouvoir, de la force, de la réussite. » J'ai définitivement adopté une éthique de résistance contre le fait accompli, contre le fait jugé et, plus largement, contre les barbaries de notre temps.

J'écrivais aussi dans *Autocritique :* « J'ai perdu le rêve du salut. Je n'ai plus "d'universel concret" ; et je suis livré à la dialectique infinie. » J'avais conscience désormais que tout système est une mutilation et une caricature délirante de la totalité, mais je n'en comprenais pas moins que tout effort vigoureux de pensée tend au système. J'étais à nouveau dans les contradictions : celle du refus de tout système totalitaire et une nouvelle aspiration à la totalité systémique (que j'allais satisfaire plus tard), celle de nouveaux accès de scepticisme et d'un besoin renouvelé de lier les connaissances, celle d'une perte de foi dans l'action politique de parti et de la foi maintenue dans la fraternité humaine.

Surtout, il me paraissait évident je devais intégrer à la dialectique hégélienne, à l'homme générique de Marx, des éléments qui n'existaient pas chez Hegel et chez Marx : l'idée pascalienne des deux infinis (renouvelée par les acquis de la physique quantique, chez Heisenberg, Bohr, de Broglie, et les récents développements de la cosmologie), complétée par Freud. Marx avait sous-estimé, non seulement la force des idées, mais la force et la réalité de l'imaginaire. Il avait ignoré que la réalité humaine est tissée d'imaginaire. Il avait ignoré le caractère profondément névrotique de l'histoire humaine, le bruit, la fureur, les démences.

Le marxisme avait complexifié la conception de l'homme et de la société. Mais je comprenais qu'il l'avait aussi rétrécie. Je concevais désormais l'idée d'un marxisme élargi, incluant les dimensions biologiques, psychiques, l'immense découverte de Freud, la dimension cosmique et cosmologique, la relation complémentaire et contradictoire du réel et de l'imaginaire. Je conçois l'idée d'une politique élargie à ces nouvelles dimensions humaines, une antropo-politique qui s'efforcerait d'agir à tous les niveaux des problèmes humains. Je relativise le problème politique lui-même en l'inscrivant dans les problèmes généraux et multidimensionnels de la civilisation.

L'écriture de *L'Homme et la mort*, m'avait permis d'élaborer une anthropologie qui était déjà complexe (même si le terme me manquait encore en 1950). J'avais puisé à toutes les disciplines des sciences humaines : géographie humaine, ethnographie, préhistoire, histoire des religions, sciences des mythologies, histoire des idées, philosophies, psychanalyses. Mes études sur le cinéma, *Le Cinéma ou l'homme imaginaire* (1956), *Les Stars* (1957) m'avaient permis de retrouver au cœur de notre modernité et de notre quotidien la dialectique du réel et de l'imaginaire, du réel et du mythe. *L'Esprit du temps* (1962) aborde sous l'angle anthropologique la question de la culture de masse, si méprisée par les Trissotins et Diafoirus de la culture universitaire. Dans *Le Vif du sujet*, j'ouvre et j'explore, en puisant chez Freud en particulier, mais aussi et surtout en moi-même, la brèche des délires, des rêves, des névroses. J'y dresse le projet d'une anthropo-cosmo-logie, où j'introduirai une bio-anthropologie qui sera bientôt au cœur du *Paradigme perdu*, comme du reste de toute mon œuvre ; elle comportera l'uni-dualité dialogique en l'homme de la culture et de la nature.

Dans toutes ces études mon marxisme s'élargit. Il devient progressivement un méta-marxisme jusqu'à n'être plus qu'une enveloppe où s'opère la gestation inconsciente de ma conception de la complexité, laquelle fera éclater et provincialisera Karl Marx. Je n'ai pas rejeté ce dernier. Je ne l'ai pas vomi comme tant d'autres, qui ont brûlé ce qu'ils avaient adoré aveuglément. Marx n'est plus ma Bible, mais il est devenu une étoile dans une constellation.

Dépasser Marx en le conservant

Ainsi je n'ai pas eu à renoncer à Marx, parce que dès le début, mon marxisme était ouvert et assimilateur. Et je dois reconnaître que le marxisme de Marx l'était aussi et c'est ce qui m'a permis, tout à la fois de m'en nourrir et de m'en libérer. Marx intégrait en sa pensée le besoin de connaître, le besoin d'agir, le besoin d'espérer. Il répondait par là aux trois questions que posait Kant il y a deux siècles : « Que puis-je savoir ? Que dois-je faire, Que m'est-il permis d'espérer ? » Sur des bases cognitives, il a élaboré un système qui fournissait des certitudes, mais aussi du sens et des espérances aux aspirations socialistes et communistes.

Aujourd'hui, le problème n'est plus de savoir si la doctrine marxiste est morte ou peut survivre encore. Il est de comprendre que les fondements cognitifs sur lesquels elle repose nous sont devenus problématiques et ne suffisent plus à eux seuls pour comprendre le monde, l'homme, la société.

Pour Marx, la science apportait la certitude. Nous savons désormais que, si les sciences apportent quelques certitudes locales, elles n'échappent pas aux incertitudes globales. Depuis Popper, nous avons compris que les théories ne sont scientifiques que si elles sont réfutables. Et nous avons constaté que les théories scientifiques sont périssables. En outre, nous avons vérifié l'intuition pascalienne selon laquelle les progrès de nos sciences arrivent à des mystères insondables.

Pour Marx, la philosophie devait être nécessairement dépassée. Aujourd'hui, toutes les avancées de la science raniment les interrogations philosophiques premières.

Le matérialisme de Marx était dépendant d'une conception étroite de la matière. Aujourd'hui, nous savons que la matière est infiniment marginale dans l'univers, et que la matière visible des étoiles et des planètes n'est qu'une fraction, elle-même marginale du cosmos. Elle n'est plus qu'un des aspects d'une réalité physique polymorphe. Pour Marx, le monde obéissait à une dialectique souveraine, et il crut dégager les lois du devenir historique. Aujourd'hui nous apprenons que, chacun à sa manière, les mondes physique, biologique, humain évoluent selon des dialectiques d'ordre/désordre/organisation, comportant aléas, bifurcations, toutes menacées à terme par la destruction.

Marx n'a pu poser qu'en termes simplistes les problèmes de la liberté et du déterminisme. Les idées d'autonomie et de liberté étaient inconcevables dans sa conception matérialiste/déterministe. Aujourd'hui, nous pouvons concevoir l'auto-organisation et l'autoproduction et éclairer la relation complexe de dépendance et d'autonomie. Nous avons fait un pas considérable : nous pouvons comprendre l'autonomie comme dépendante (éco-dépendante, géno-dépendante, socio-dépendante), sans perdre de vue qu'elle est autonomie. Nous réalisons que l'individu comme la société sont des machines non triviales, capables d'actes inattendus et créateurs.

La conception anthropologique marxienne était unidimensionnelle. L'homme générique de Marx était dénué de subjectivité, d'affectivité, d'amour, de folie, de poésie. Il était essentiellement *homo faber* et *œconomicus*, sans intériorité, sans complexités ; il était un producteur prométhéen, voué à renverser les dieux et maîtriser l'univers. Comme l'avaient vu Montaigne, Pascal, Shakespeare, Dostoïevski, *homo* est *sapiens-demens* (sage délirant, dément capable de sapience) être complexe, multiple, portant en lui un cosmos de rêves et de fantasmes.

La conception marxienne de la société privilégiait les forces de production et la lutte des classes. La clé du pouvoir sur la société était dans l'appropriation des forces de production. Les idées et les idéologies – dont l'idée de nation – n'étaient que d'illusoires superstructures. L'État n'était qu'un instrument au service de la classe dominante. Bien qu'ayant su dialectiser les idées et les forces historiques, sociales, politiques, Marx n'a pas compris l'extraordinaire force des idées, qui peuvent nous posséder autant que nous les possédons. Il n'a pas réalisé la puissance de l'idée de patrie. En ce qui concerne la religion, il a bien saisi sa nature de besoin anthropologique profond (le « soupir de la créature opprimée ») mais il est passé à côté d'une compréhension du phénomène de la possession par les dieux, les idées, les idéaux, les idéologies.

Marx, combattant les mythes au nom de la rationalité, a lui-même sombré dans le mythe de la lutte des classes et de la société sans classes. Il n'a pas vu que les relations de classe sont dialogiques, c'est-à-dire qu'elles sont des relations à la fois d'antagonisme et de coopération, où l'antagonisme peut certes se manifester en lutte des classes, mais où la coopération peut aussi se traduire en actions communes, solidaires et en négociation. Croyant construire une conception scientifique, Marx a cédé à l'attrait d'un autre mythe : il a conçu la mission historique du prolétariat comme un avènement du Messie-Prolétariat. Il transposait ainsi, sur nos vies terrestres, le salut judéo-chrétien promis pour le ciel. Cette illusion a été tragique et dévastatrice.

Marx croyait en la rationalité profonde de l'Histoire. Mais l'Histoire est tributaire de l'aléa et connaît des bifurcations inattendues. Elle ne progresse pas de façon frontale, mais par des déviances qui se fortifient et deviennent tendances. Bien qu'elle comporte ses déterminations, ses logiques, ses rationalités, elle est aussi irrationnelle, parce qu'elle comporte bruits et fureurs, désordres et destructions. Il faut donc faire copuler Marx et Shakespeare, et voir dans l'histoire une dialogique de raison et de fureur.

Marx, en héritier des Lumières, croyait au progrès. Mais le progrès est problématique, il peut s'accompagner de régressions. Tout progrès gagné est fragile, la moindre vague historique peut l'emporter. Et, bien que Marx fût, dans ses études historiques, sensible à la complexité des antagonismes en mouvement, il ignorait le principe premier de l'écologie de l'action, lequel nous dit que tout acte échappe aux intentions de l'acteur pour entrer dans le jeu des inter-rétroactions du milieu, et peut même déclencher le contraire de l'effet souhaité. Dans ces conditions, l'action de gouverner est une action au gouvernail, l'art de diriger est un art de *se diriger* dans des conditions incertaines.

Le diagnostic de Marx sur le monde contemporain se focalisait sur le caractère capitaliste des sociétés, oubliant les autres dimensions : leurs caractères étatiques, nationaux, démocratiques, techniques, bureaucratiques. Il a induit une analyse réductrice du capitalisme, concentrant dans celui-ci tous les maux dont souffrait l'humanité. Aujourd'hui nous savons que les régimes « anticapitalistes » d'URSS, de

Chine, du Vietnam, du Cambodge ont déchaîné plus de maux et de barbaries que le capitalisme qui leur était contemporain. Nous sommes en mesure de faire un diagnostic plus ample et plus complexe sur la question des barbaries et de la grande menace qui pèse aujourd'hui sur la planète : l'alliance entre deux barbaries, l'une, qui venant du fond des âges historiques, apporte guerre, massacre, déportation, fanatisme et reproduit à travers des sociétés différentes les hiérarchies, dominations, exploitations des êtres humains, dont celle du capitalisme ; l'autre qui, venant de notre civilisation techno-industrielle bureaucratique, impose sa logique mécanique, glacée, anonyme, ignore les individus, leurs chairs, leurs sentiments, leurs âmes, et met au service des pouvoirs les armes de destruction et les moyens de manipulation.

Certes, aujourd'hui, le déchaînement de l'économie mondialisée découvre de nouveaux problèmes, de nouveaux périls, de nouveaux maux. Il est alors tentant de concevoir la mondialisation comme le stade suprême de la domination du capital, ce que font tous ceux qui ont besoin de retrouver leur manichéisme en retrouvant sinon le prolétariat rédempteur, du moins le capitalisme coupable, mais en perdant l'esprit internationaliste qui animait le socialisme.

Marx doit être dépassé, c'est-à-dire intégré dans la constellation des penseurs qui peuvent éclairer notre réflexion. Son aspiration à une connaissance anthroposociohistorique est en elle-même essentielle et indépassable. Sa conception du capitalisme doit être intégrée dans le complexe des développements techniques, sociologiques, démocratiques, idéologiques de l'histoire moderne. Mais il faut abandonner toute loi de l'Histoire, toute croyance providentielle au progrès, et extirper la funeste foi dans le salut terrestre. Ce qui reste et restera, ce sont les aspirations à la fois libertaires et fraternitaires, aspirations à l'épanouissement humain et à une société meilleure qui se sont exprimées sous le terme de socialisme.

Je garde donc de Marx l'idée d'une grande pensée complexe, une pensée de fondateur qui doit être continuée, enrichie, développée dans des directions nouvelles. Il existe toujours le risque de rigidifier, de mutiler, de corrompre le grand élan que donnent les pensées fondatrices. En ce qui concerne Marx, un des dangers sont les épigones comme Althusser. Les épigones brisent les pensées dont ils se croient issus, et ces dernières doivent toujours être régénérées et reconstituées par un retour aux sources. Althusser s'est présenté comme un fidèle interprète de Marx, il a instauré une coupure entre les écrits de jeunesse, « philosophiques » et « humanistes » et les écrits de la maturité, comme *Le Capital* qui eux, seraient intégralement scientifiques. Cette cassure entre un Marx philosophe et un Marx scientifique est d'une totale cécité. La philosophie n'a pas cessé chez Marx d'être présente dans la science et sous la science, dans une relation antagoniste et complémentaire. De même, séparer un Marx humaniste, d'un Marx qui ne l'est plus est une stupidité. Je me souviens d'une conférence d'Althusser où, avec le plus grand sérieux, il expliquait à un public gravement concentré, que les déviations du stalinisme s'expliquaient par le trop grand humanisme de Staline…

Le post-marrane

Pour finir, je dois dire que l'une des choses qui m'aident à reconnaître Marx comme un penseur qui continue de me stimuler et de m'inspirer, c'est de le retrouver dans la lignée post-marrane. Marx, ce fils de converti, petit-fils de rabbin, a choisi la voie messianique, comme solution au grand débat intérieur de tous les post-juifs. Il y eut un premier post-marranisme qui donna les figures de Montaigne, Spinoza, Cervantes. Il y eut une deuxième vague, aux XIXe et XXe siècles, dont les deux figures emblématiques sont Marx et Freud.

Marx est évidemment fils de l'Europe des Lumières par sa croyance au progrès, au développement technique, dans sa certitude que les vraies réalités sont les énergies matérielles. Mais il porte en lui, quoique totalement laïcisée, la foi juive dans le Messie et l'idée christianisée par Paul que le salut messianique est pour toute l'humanité. Il fut le fondateur du messianisme laïcisé et politisé, annonçant la fin du malheur humain grâce au Messie-Prolétariat, après l'apocalypse d'une lutte finale entre les forces du mal (le capitalisme) et les forces du bien (le socialisme). C'est ainsi que put se constituer la religion du salut terrestre, à laquelle j'adhérais au paroxysme de la guerre.

Marx a voulu se distancier du judaïsme[1], écrivant même quelques pages anti-judaïques assez grossières. Mais sa pensée, pas plus du reste que celle de Freud, n'aurait pu se forger dans la culture seulement laïque des gentils et dans la culture seulement juive. L'un comme l'autre ont été assimilables et ont pu être assimilés dans la culture éclectique des gentils, mais au prix d'énormes résistances. L'un et l'autre se sont consacrés à mettre à jour une part cachée de l'humanité. Marx a voulu percer la cruauté de l'histoire et de la société ; Freud a voulu déchiffrer le secret caché de l'âme humaine. J'ai été aimanté vers l'un et l'autre, mais je n'ai pu renoncer à l'un pour l'autre, ni rester en l'un ou l'autre. Mon propre marranisme m'a porté en deçà et au-delà de Marx et de Freud.

---

1. Freud, à sa façon, dans *Moïse et le monothéisme*, désacralise la Bible en faisant de Moïse un Égyptien, ce qui est très plausible.

Je comprends mieux à présent pourquoi mon hégéliano-marxisme, surdéterminé par ma tendance messianique propre, m'a fait embrasser la religion du « salut » terrestre, sans pour autant prendre conscience de son caractère religieux… Aux moments les plus intenses de ma foi, je gardais la double conscience marrane qui m'est propre : la foi en une autre humanité et un sentiment aigu de la perdition de l'humanité, l'aspiration fervente et messianique au socialisme et la certitude qu'il n'y aurait jamais sur terre de « paradis » socialiste. En même temps, je sentais de plus en plus vivement le besoin d'une anthropologie où ces deux dimensions pourraient se rencontrer sans qu'aucune n'annule l'autre, comme je ressentais le nécessité d'une anthropologie, qui à la différence de celle de Marx, fasse sa part aux problèmes et aux tourments de l'âme humaine.

Après ma rupture de 1951 avec le parti, puis après les événements chocs de 1956 (rapport Khrouchtchev, Octobre polonais, Révolution hongroise), après la réflexion que j'ai pu mener au sein d'*Arguments*, j'ai renoncé au salut terrestre, mais sans renoncer à l'espérance. La double conscience post-marrane m'a aidé à inscrire l'espérance dans la désespérance. Ainsi, je peux dire que j'ai intégré le messianisme de Marx, tout en le dépassant. Si je ne crois plus au Salut terrestre, ni à quelque Messie rédempteur, je garde intactes les forces de l'espérance au sein de la désespérance.

Dostoïevski et l'humanisme russe

J'ai commencé à lire les grands écrivains russes dès mes années de lycéen. J'ai été illuminé par *Résurrection* de Tolstoï, *Pères et fils* de Tourgueniev, les récits tristes et nostalgiques de *La steppe*, l'*Oncle Vania* de Tchékhov. Dans les dernières décennies, j'ai été bouleversé par *Le Pavillon des cancéreux*, *Le Premier cercle*, *La Maison de Matriona* de Soljenitsyne et le dantesque *Vie et destin* de Grossman. Mais celui qui pour moi reste le plus révélateur, le plus présent, le plus intime, est Dostoïevski.

J'ai d'abord lu *Crime et Châtiment*, puis *Les Possédés* et *Les Frères Karamazov*, et ces lectures fulgurantes m'ont marqué à jamais. Dimitri, Ivan, Aliocha Karamazov, Muichkine, Stavroguine et tous les héros des *Possédés* ne m'ont jamais quitté. C'est de Dostoïevski que vient mon premier éveil philosophique, mon premier sentiment philosophique. Dostoïevski m'a inculqué cette idée première et prioritaire pour moi qu'il faut avoir compassion pour la souffrance. Nul n'a exprimé autant, et tout à la fois, le sens de la souffrance, de la tragédie, de la dérision, du délire proprement humains. Sans doute n'aurais-je pas proposé l'idée d'*homo sapiens-demens* comme notion clé dans *Le Paradigme perdu*, si je n'avais pas été marqué dès l'adolescence par ce sentiment si profond de l'indissociabilité de folie et raison en l'être humain, et si ce sentiment n'avait été régénéré sans cesse en moi par les écrivains russes et surtout par le souvenir de Dostoïevski. Du reste je peux dire que j'ai vécu, au cours de mon épisode stalinien l'expérience dostoïevskienne de la possession. Elle m'a aidé à comprendre que nous pouvons être possédés par des mythes, des idées, des idéologies, comme par des êtres réels, des démons.

L'humanisme russe dont témoignent toutes ces grandes œuvres est différent de l'humanisme français. Dostoïevski a profondément le sens de la souffrance humaine, de la tragédie humaine, de l'humiliation, du malheur. Tchékhov, Tolstoï, Gorki, Soljenitsyne, ont aussi, de leur côté, le sens de la compassion, le sens de la souffrance humaine. L'humanisme français a tendance à être rationnel et abstrait : il proclame que tous les hommes sont égaux, que tous les hommes sont frères, il est pour l'émancipation des travailleurs, contre l'exploitation de l'homme par l'homme... Mais cela reste dans le domaine des idées. On peut aimer le prolétaire et l'opprimé, mais dans la mesure où il incarne le Révolutionnaire, ou le Messie-Prolétariat. On a pu haïr le capitalisme qui l'exploitait, mais jamais on n'est allé au cœur des souffrances et des humiliations. Des écrivains comme Zola ont pu le faire. Mais le sens profond de la compassion, la pitié douloureuse ne se trouvent pas chez lui. Je ne choisirai pas pour autant entre une certaine sécheresse rationaliste de l'humanisme français et la compassion, l'humanité profonde de l'humanisme russe. Dans leur antagonisme, les deux humanismes me sont complémentaires, entrelacés et indispensables.

Il y a des leçons extraordinaires de philosophie dans l'humanisme russe, dont Dostoïevski est l'incarnation la plus intense. Car c'est en fin de compte chez lui que je trouvais, plus aiguë, plus douloureuse et violente que partout ailleurs, y compris les autres Russes, le tourment des âmes déchirées, les instabilités profondes de l'identité, les moments de vérité de l'amour, l'insondable mystère des êtres et de la vie. Il révèle la vertu des réprouvés et des maudits, la possibilité toujours ouverte du rachat et de la rédemption.

Dostoïevski a un sens profond de la contradiction, de la complexité et des multiplicités humaines, que Proust de son côté illustrera. Ce qui est remarquable, c'est que les grands écrivains paraissent beaucoup plus capables que les philosophes de manifester ce sens de la complexité humaine. Les frères Karamazov sont ainsi des héros qui réalisent des virtualités contradictoires et antagonistes de tout être. Je pouvais pleinement m'y reconnaître, m'identifier à tous et les retrouver en moi. Des personnages comme Stavroguine sont d'une incroyable et mystérieuse ambiguïté. Des personnages de femmes aussi, comme Paulina dans *Le Joueur*. Elle lance à la figure d'Alexeï, le joueur, les cinquante mille roubles qu'il a gagnées pour elle et qu'il vient juste de lui remettre. Alexeï croit que Paulina le déteste. Plus tard, un personnage, Astley, lui dira : « malheureux, elle vous aimait ».

Pour moi, il n'y a pas deux Dostoïevski successifs, l'ancien révolutionnaire devenu traditionnaliste, l'ex-occidentaliste devenu slavophile, il y a le Dostoïevski un et double, qui maintient en lui, dans un combat furieux, désespéré, rongeur, les antagonismes multiples de la foi, de la révolte, du doute, du nihilisme. Il est de la même nature que tous les grands esprits européens, qui n'ont cessé de vivre, au plus profond d'eux-mêmes, une contradiction fondamentale, un antagonisme irréductible ; même lorsqu'ils ont manifestement choisi un parti contre l'autre, ce dernier travaille souterrainement, mais activement, à l'intérieur du premier. On voit ainsi le travail rongeur du doute pascalien dans l'apologue du grand inquisiteur d'Ivan Karamazov. Dostoïevski est du reste, pour moi, indissolublement lié à Pascal et au combat, douloureux et créateur, entre foi et doute, espérance et désespérance.

Dostoievski projetait une suite des *Frères Karamazov*. Aliocha, qui était le seul personnage sauvé dans le roman, y sombrerait dans la débauche… Ainsi chaque fois qu'il y a le salut, il y a la perte, et chaque fois qu'il y a la perte arrive le salut. C'est un mouvement extraordinaire. L'aspiration au salut, l'espérance sont d'une intensité inouïe mais elles n'arrivent jamais à anéantir le doute.

Proust

L'œuvre de Proust m'est inspiratrice de bien des façons. Tout d'abord pour la richesse et la complexité des personnages de la *Recherche*. Je pense que chaque grand penseur se caractérise par une découverte de complexité. Proust est un magnifique découvreur de complexité, laquelle est déjà présente dans sa phrase même qui nous donne une saisissante vision des possibilités du langage, associant déroulement linéaire/séquentiel et expression des simultanéités, des enchevêtrements, des boucles rétroactives et récursives incluses dans les pensées et sentiments. Sans jamais perdre le fil, la phrase de Proust est capable de nous restituer les divers et contradictoires sentiments qui assaillent simultanément un même esprit.

Proust a étendu le royaume du dicible à la complexité infinie de notre vie subjective, associant deux dimensions qui paraissent s'exclure absolument, d'une part l'extrême précision du mot, l'extrême subtilité de l'analyse, d'autre part la traduction de l'ineffable de la vie de l'âme et du sentiment. Cela lui a permis d'exprimer des pensées que leur subtilité insaisissable rendait totalement volatiles. Par ailleurs, il représente un cas étonnant : ce qui n'était au départ que la chronique d'un mondain dans le monde rétréci du faubourg Saint-Germain est devenu un microcosme de tout tissu de vie humaine. J'ajoute que lorsque j'ai commencé à le lire, j'ai compris qu'il exprimait l'amour pour la mère d'une façon qu'enfin j'ai trouvée adéquate à ce qui me semblait jusqu'alors indicible.

Je retiens aussi son sens de la compréhension humaine, nullement étonnant de la part de qui montre un tel sens des complexités humaines. Dans l'affaire qui déchire la France, il prend le parti du capitaine Dreyfus, mais d'une manière qui n'est pas manichéenne. Il se réjouit que le philosophe Émile Boutroux prenne la défense du capitaine, mais montre aussi de la compréhension pour la psychologie des juges qui l'ont condamné. Il exprime dans *Jean Santeuil* son souci de comprendre l'adversaire, comme si celui-ci détenait une part de vérité devenue folle, écrivant : « Juifs, nous comprenons l'antisémitisme ; partisans de Dreyfus, nous comprenons le jury qui a condamné Zola ; par contre, notre esprit est joyeux quand nous lisons une lettre de Monsieur Boutroux disant que l'antisémi-tisme est abominable. » Cette part de vérité est dans la singularité du destin juif : oui beaucoup de Juifs sont dans les affaires, réussissent dans le commerce, oui beaucoup d'intellectuels juifs ont été révolutionnaires ; mais cette part de vérité devient folle dans l'anti-sémitisme, lequel rend les juifs coupables de tous les maux.

Proust est un cas exemplaire de cette figure du judéo-gentil que j'ai analysée dans *Le Monde moderne et la question juive*. Le caractère fondamental du judéo-gentil est d'avoir associé dans une identité complexe les composantes identitaires, qui paraissaient se rejeter l'une l'autre, du gentil et du juif. Certains ont toutefois cherché à surévaluer leur composante gentille, tel Proust justement. Sa mère était juive et son père peut-être originaire d'une famille convertie. Obsédé par la « juiverie », il ne cherchait pas moins à se situer au-delà d'elle et voulait être accepté et aimé par le monde des gentils. Pourvu de traits orientaux, il était attiré par les cheveux blonds et les visages roses et devant Lucien Daudet il aimait évoquer son certificat de baptême, témoignage de sa gentilité.

Swann, le héros de la *Recherche*, a pour modèle Charles Haas, un judéo-gentil entièrement et brillamment intégré à la société des gentils, membre du Jockey Club et fréquentant l'aristocratie. Swann de son côté, s'il est bien accueilli dans la société aristocratique et choyé par les Guermantes est, en son for intérieur, noué et malheureux. C'était le cas de Proust lui-même qui, comme beaucoup de judéo-gentils, portait au plus profond de lui-même un ghetto intérieur. À la fin de la *Recherche*, Swann sera rejeté, enfermé dans sa « juiverie », alors que le personnage de Bloch, l'avocat au profil sémite et aux cheveux noirs et bouclés, réussira à y échapper. On verra celui-ci parfaitement intégré et accepté dans la société, avec ses cheveux devenus lisses. C'est un cas exemplaire de l'uni-dualité du juif et du non-juif, de l'enfermement et de l'ouverture, qui caractérise la double identité du judéo-gentil.

Je voudrais citer ce passage du *Contre Sainte-Beuve* où je trouve, en plus d'idées sublimes, le sens même du livre que je suis en train d'écrire :

« Les écrivains que nous admirons ne peuvent pas nous servir de guide, puisque nous possédons en nous comme l'aiguille aimantée ou le pigeon voyageur, le sens de notre orientation. Mais, tandis que guidés par cet instinct intérieur, nous volons de l'avant et suivons notre voie, par moment, quand nous jetons les yeux à droite et à gauche sur l'œuvre nouvelle de Francis Jammes ou de Maeterlinck, sur une page que nous ne connaissons pas de Joubert ou d'Emerson, les réminiscences anticipées que nous y trouvons de la même idée, de la même sensation [...] que nous exprimons en ce moment, nous font plaisir comme d'aimables poteaux indicateurs qui nous montrent que nous ne nous sommes pas trompés [...] : nous nous sentons confirmés dans notre route par le passage tout près de nous à tire d'ailes de ramiers fraternels qui ne nous ont pas vus. »

Je pense en effet que les livres qui comptent dans une vie dévoilent une vérité ignorée, cachée, profonde que nous portions en nous. Ils nous procurent ainsi le double ravissement de découvrir notre vérité en découvrant une vérité extérieure à nous. Mais j'ajoute que les grands livres nous aident aussi à mettre en forme cette vérité qui nous est propre et qui est d'abord informe. Une vérité autre, étrangère au départ, s'accouple à notre vérité, s'y incorpore, l'aide à prendre forme et devient notre vérité.

Les psychanalyses

Je commence à lire Freud systématiquement, au moment où je travaille à *L'Homme et la mort* (qui paraît en 1951). J'ai toujours vu d'abord dans Freud l'anthropologue ; le médecin ne m'a pas vraiment retenu. Je trouve d'ailleurs que la psychanalyse a perdu de sa puissance féconde et inspiratrice en se limitant à ses versions thérapeutiques. Freud a d'ailleurs lui-même écrit en 1926 : « L'avenir jugera que la valeur de la psychanalyse en tant que science […] l'emporte largement sur sa valeur thérapeutique. » Pour moi, la psychanalyse doit être conçue comme une science de la psyché, certes, mais surtout du sujet, apportant le regard occulté par les sciences objectives : une science ayant su, tout à la fois s'ouvrir à l'âme humaine et aux complexités des sujets humains.

La psychanalyse de la mort

Pour moi la psychanalyse est l'accès à des vérités anthropologiques profondes, et dans *L'Homme et la mort*, je me suis nourri de réflexions profondes de Freud sur le vécu anthropologique de la mort. Ainsi celle-ci : « L'école psychanalytique a pu déclarer qu'au fond personne ne croit à sa propre mort, ou, ce qui revient au même, chacun dans son inconscient est persuadé de sa propre immortalité[1]. »

J'ai tenté d'éclairer cette énigme par la relation contradictoire, mais aussi complémentaire (vocabulaire dont je n'usais pas encore), entre l'individu (chez qui s'élabore le Moi, la conscience et le rejet conscient de la mort) et l'espèce (qui forme le contenu du Soi, lequel ne se croit pas à proprement immortel, mais *amortel :* il vit dans l'ignorance de la mort). Je montrais ainsi que la conscience humaine de la mort, qui implique recul horrifié devant le cadavre et croyance en l'immortalité, se superpose, sans la détruire, à une inconscience profonde et vitale de la mort. Cette conscience/inconscience caractérise l'homme dans son vécu de la mort. Ainsi, l'individu conscient cherche à fuir, à oublier, dans le divertissement si bien décrit par Pascal, l'idée de la mort. Mais cet oubli n'est possible que par l'animal qui existe en lui (le Soi), lequel ne fuit pas la mort, mais l'ignore tout simplement. On devait ainsi complexifier le point de vue de Pascal et montrer, réciproquement, que l'individu obsédé par la mort non seulement se divertit, mais aussi se détourne de l'animalité qui est en lui, et qui est la vie elle-même.

D'autres analyses de Freud m'ont nourri et poussé à les complexifier, et il serait trop long de les signaler toutes. Ainsi pour la conception de la religion comme « névrose obsessionnelle de l'humanité ». J'ajoutais que cette névrose a un rôle vital de réfutation des vérités désespérantes de la mort. Elle sécrète l'espérance, qui, à travers les rites de l'immortalité, permet aux individus de surmonter leur angoisse. Ainsi la relation de la religion à la mort est double. D'un côté, elle entretient les croyants dans un rapport morbide et névrotique au trépas. De

1. « Considérations actuelles sur la guerre et sur la mort », 1915, dans *Essais de psychanalyse*, trad. S. Jankélévitch, Payot.

l'autre, elle est la santé sociale, qui calme chez les individus l'angoisse de la mort.

D'autres psychanalystes ont nourri ma réflexion. Ainsi le *Don Juan et le Double* d'Otto Rank, qui m'a fait connaître la notion de « double » et m'a permis d'en découvrir l'importance anthropologique fondamentale. C'est en effet une constance remarquable que la faculté, présente dans toutes les cultures, de penser les défunts comme des doubles spectraux qui survivent à leur mort matérielle, en même temps que de doubler les humains d'êtres surnaturels, démons, génies, dieux. Une fois dépassées les vieilles croyances, les doubles demeurent dans l'esprit, y compris l'esprit de l'homme moderne. Nos rêves, notre imaginaire, nos littératures, notre poésie, notre inconscient sont habités par les doubles archaïques qui n'ont rien perdu de leur force. Nous ne pouvons donc pas isoler une modernité à l'état pur, débarrassée de ses germes et ferments archaïques. Je retrouverai sous diverses formes cette idée tout au long de mon œuvre.

J'ai été marqué par la psychanalyse des mythes de Jung, par sa conception d'un inconscient individuel immergé dans l'inconscient collectif (conception qui pour moi n'exclut pas la conception de l'inconscient individuel de Freud, mais lui est complémentaire). Sa dialectique *animus* et *anima* m'a influencé. *Anima*, l'âme féminine, est présente chez l'homme de façon refoulée, cela fait d'ailleurs que bien des hommes cherchent et trouvent leur âme dans la femme aimée ; de même, *animus*, l'esprit masculin, entreprenant, énergique, est présent chez la femme de façon refoulée, et c'est pourquoi bien des femmes cherchent et trouvent leur *animus* chez l'homme.

Une autre idée qui m'a retenu chez Jung est son analyse de la possession, dans son *Sept sermons aux morts* de 1916 : « La spiritualité et la sexualité [...] ne sont pas des choses que vous possédez et qui sont en vous, au contraire ce sont elles qui vous possèdent et c'est vous qui êtes en elles, car elles sont des démons très puissants. » C'est un thème qui est devenu très important pour moi : les forces qui nous possèdent prennent l'aspect d'êtres concrets, démons, esprits, génies ; mais nous devons complexifier l'idée de Jung en ajoutant que ces démons très puissants sont à la fois extérieurs et intérieurs à nous, et que nous les possédons en étant possédés par eux. Ainsi nos ascendants, nos ancêtres nous possèdent psychiquement, imaginairement et, à travers nos gènes, biologiquement, et nous les possédons, car nous les répétons, les faisons revivre en nous.

Et puis, il y aura la lecture du merveilleux *Thalassa* de Sandor Ferenczi et l'idée du désir inconscient de retour dans le liquide intra-utérin, désir présent chez tout être humain, ce qui fait de la naissance une catastrophe nous privant de l'élément marin/maternel originel. Cette conception me parlait de moi-même en me parlant du destin humain comme arrachement aux eaux-mères.

Les cavernes humaines

Dans *Le Vif du sujet*, je retrouvais Freud dans mon exploration des cavernes intérieures que nous portons en nous, et qui sont, sous la mince couche civilisée, grouillantes d'ombres, de bruits confus, d'idoles cachées. Le plus petit incident peut briser la couche protectrice et libérer les démons de ces mondes intérieurs. Je rappelai que, depuis Freud, une prodigieuse recherche est menée aux abords, dans les semi-profondeurs, à l'écoute des voix obscures de la caverne.

J'attirai l'attention sur cette réalité semi-hystérique dont nous sommes constitués. Ainsi l'acte d'amour où la jouissance d'amour est comme une identification hystérique d'autrui à soi, de soi à autrui. L'identification et la projection amoureuses, où l'autre est identifié à moi, moi à l'autre, sont de nature magique et hystérique. Je formai le projet d'une anthropologie inspirée de Freud, mais aussi de Marx, car je maintenais la puissante idée de l'homme générique. Elle complétait Marx par Freud et Freud par Marx (j'ajoute qu'elle incluait d'autres domaines de la connaissance, les domaines pascaliens de l'infiniment petit de la microphysique, de l'infiniment grand de la cosmologie). La dimension freudienne était dans l'intégration, dans notre connaissance de l'homme, du champ psychoaffectif et de celui de l'hystérie. Elle permettait de comprendre à la fois les excès inouïs de l'affectivité et de l'amour humains, ainsi que les pétrifications, réifications, durcissements des potentialités d'amour, les carences constitutives de l'humain.

Ainsi, je concevais que la réalité semi-hystérique, semi-imaginaire, semi-magique de l'homme détermine chez l'humain un caractère fondamentalement névrotique. Mais pour moi il ne fallait pas oublier que la névrose est un compromis avec la réalité qui permet de supporter celle-ci.

Plus amplement, le point fort et le point faible de l'homme sont les mêmes, l'aptitude au pire n'est autre que l'aptitude au meilleur. Ainsi j'élaborais progressivement la notion d'*homo sapiens-demens* qui sera centrale dans *Le Paradigme perdu* et dans toute mon œuvre ultérieure. Je reconnais donc sur ce point ma dette à Freud. Sans mes lectures de Freud et Dostoïevski, je n'aurais pu concevoir aussi vivement la dialogique de folie/sapience, démence/raison propre à toute réalité humaine.

Les uni-multiplicités et uni-diversités humaines

L'autre point essentiel de Freud, qui me retenait déjà dans *L'Homme et la mort* et sur lequel je reviendrai dans *Le Vif du sujet*, était la complexification du sujet, de l'ego. Déjà, je dois dire que l'un des immenses intérêts que je trouve à la pensée freudienne est qu'elle a conçu une théorie de l'appareil psychique, en y mettant au centre l'ego, c'est-à-dire le sujet autocentré. Toutefois Freud n'isole pas le sujet à la manière de Descartes, il n'en fait pas une transcendance comme beaucoup de philosophes. Il l'unit dialectiquement à sa source biologique qu'est le Ça, ainsi qu'à l'instance du Surmoi (qui représente l'autorité paternelle et, au-delà, l'autorité sociale). Il conçoit l'idée extraordinairement profonde que l'individu est fait d'une dialectique constructive entre l'univers pulsionnel-biologique (le Ça), l'instance autoritaire du Surmoi et le centre d'autoréférence et de conscience qu'est le Moi. Ce dernier advient en émergeant du Ça. C'est la magnifique formule « *Wo das Es war, soll Ich Werden* » : là où Ça était, Je doit advenir. L'individu-sujet émerge en relation conflictuelle et dépendante aussi bien avec le Ça qu'avec le Surmoi. Cette « trinité » freudienne est l'un des germes où je puiserai l'idée d'une relation dialogique trinitaire, individu/espèce/société, triple nœud gordien de relations complexes (antagonistes et complémentaires) entre notre dimension individuelle, notre dimension vivante et naturelle, notre dimension sociale. Je verrai cette trinité au cœur de toutes les réalités humaines.

Du reste, la trinité freudienne (Ça, Moi, Surmoi) illustre bien à son tour la dualité *sapiens/demens*. Freud indiquait en effet que le sujet rationnel, qui n'est nullement souverain (il « n'est pas maître en sa propre maison »), était inséré dans une trilogie permanente où il subissait la violence du Ça pulsionnel biologique et la domination tyrannique du Surmoi. Freud, et à sa suite d'autres psychanalystes, ont ainsi pu montrer l'*hubris*, la folie toujours prête à se déchaîner, en mégalomanie, fureurs, délires latents sous les comportements dits normaux. De même Freud a saisi la relation complexe (complémentaire, concurrente, antagoniste) entre Éros et Psyché, qui commande leurs communications et leurs transformations secrètes.

Freud, Rank, Jung ont ainsi opéré les premiers grands crackings de la psychologie moderne en découvrant des dualités antagonistes dans le principe constitutif du moi (Ça, Moi, Surmoi, *animus* et *anima*...). La psychologie classique des moralistes se fondait déjà sur l'opposition du cœur et de l'« esprit », des passions et de la « raison », mais le théâtre du moi demeurait clos, à l'abri des scissions intimes. La littérature du XIXe siècle fera sauter la cire à cacheter du moi. Le romantisme fait resurgir l'alter ego, permanent et fantomatique, le je-autre, le je-double que chacun porte au plus profond de lui-même. Dostoïevski découvre les « démons » qui font de nous des quasi-possédés et multiplient nos identités. Le roman commence à explorer la multi-personnalité de ses personnages. Avec Proust, Joyce, Faulkner, le moi est mis entre parenthèses, dissous ou disparu, il sombre dans la confusion et le chaos, et l'on y découvre une mouvante météorologie interne. Avec Freud, Rank, Jung cette complexité du moi, ces multiplicités du moi deviennent des nouveaux objets de la connaissance.

À partir du *Vif du sujet*, j'ai eu le sentiment qu'il fallait généraliser ce mouvement de complexification et je n'ai eu de cesse de montrer les dualités, trinités, diversités, multiplicités qui habitent toute identité humaine. Dans ce livre, j'écrivais : « Le moi, la personne, c'est comme l'atome : une unité apparemment simple, irréductible, primaire, en fait un système solaire où le noyau central lui-même n'est pas un, mais une architecture. Le moi-je, ce monarque régnant sur un innombrable royaume, est, comme les grands empereurs, un dernier venu. »

Dans *L'Humanité de l'humanité*, je dégage les nombreuses dimensions d'une identité humaine qui est dédoublée, plurielle, polymorphe sans cesser d'être une. Chacun porte en lui un homme et une femme, une femme à l'intérieur de sa masculinité, un homme à l'intérieur de sa féminité. Nous avons plusieurs âges en nous, chacun avec ses vérités, ses expériences, ses secrets. Nous sommes tour à tour enfant, adolescent, adulte, mais conservons de façon plus ou moins réduite l'âge dépassé, et le vieillard peut retrouver intactes ses curiosités enfantines et ses aspirations adolescentes. Nous avons un moi-sujet et un moi objectivé, lequel, comme je l'ai montré dans l'analyse du *cogito*, se re-subjective en un moi-je. Nous portons en notre psychisme, en nos gènes, nos parents, nos ancêtres ; ils ne cessent de nous envahir et, dans une dialogique incessante, ils peuvent s'opposer l'un à l'autre, s'opposer à nous, comme nous pouvons les opposer l'un à l'autre, les opposer à nous. Il y a en nous, constitutifs de notre moi, comme Freud l'a montré, de l'infra-identité (Ça), de la supra-identité (Surmoi), les trois instances en conflit et pourtant inséparables. Nous avons un moi conscient qui connaît rarement et très partiellement le soi profond et un soi profond qui ignore le moi. Nous avons des doubles, des multiples personnalités. Chacun a sans doute en lui, à l'état potentiel, à l'état larvaire, un Mystère Hyde, sous le rassurant Docteur Jekyll. Edmond Nabousset (lettré toulousain, 1901-1944) a écrit : « En moi, il y a un apprenti messie, un dément lubrique, et quelques autres encore. » Enfin nous avons, en fonction de nos différents rôles sociaux, des personnalités diverses, changeantes ou durables. Certaines nous habitent superficiellement, d'autres prennent possession de nous et nous nous mettons à imiter leur voix, leurs gestes, leurs mimiques.

Dans cet ouvrage, j'ai écrit ceci qui résume cette uni-multiplicité humaine et exprime ma dette à Freud, à Rank, à Jung, à Ferenczi : « [...] tout individu, même le plus réduit à la plus banale des vies, constitue en lui-même un cosmos. Il porte en lui ses multiplicités intérieures, ses personnalités virtuelles, une infinité de personnages chimériques, une poly-existence dans le réel et dans l'imaginaire, le sommeil et la veille, l'obéissance et la transgression, l'ostensible et le secret, des grouillements larvaires dans ses cavernes et gouffres insondables. Chacun contient en lui des galaxies de rêves et de fantasmes, des élans inassouvis de désirs et d'amours, des abîmes de malheur, des immensités d'indifférence glacée, des embrasements d'astres en feu, des déferlements de haine, des égarements débiles, des éclairs de lucidité, des orages déments… »

Freud post-marrane

Freud est à l'autre versant du post-marranisme, dont Marx est l'un des versants. Marx était animé d'esprit messianique. Freud est un post-marrane non messianique. Dans ce sens, il est sceptique, il est dans la lignée de Montaigne et, comme Montaigne, il s'intéresse à la psyché. Il ne s'intéresse pas au démiurge autoproducteur que Marx a nommé homme générique. Il est irrésistiblement attiré par les cavernes humaines, les abysses anthropologiques. Il a voulu ouvrir une brèche anthropologique dans l'homme intérieur quand Marx ouvre une brèche anthropologique dans l'histoire humaine. Marx croit au progrès et est tragiquement optimiste. Freud est pessimiste et ne croit pas au progrès. Marx n'a pas pensé la mort, Freud voit la présence active de la mort (Thanatos luttant contre Éros) au cœur de la vie. S'il donne son adhésion finale à Éros, il sait que celui-ci ne vaincra jamais Thanatos et dans *Malaise dans la civilisation* (1932) il se montre pessimiste devant la pulsion de mort qui menace constamment de ruine la civilisation.

La critique du judaïsme chez Freud est plus radicale que chez Marx. Marx critique sociologiquement un judaïsme voué à l'argent. Freud critique le fondement mythico-religieux : il a totalement désacralisé Moïse en déniant sa nature d'Hébreu et en en faisant un prince égyptien ayant exporté en Palestine le culte monothéiste d'Aton. L'analyse de Moïse par Freud fait apparaître ce que la Bible laisse deviner. Bien qu'il se soit trompé dans les datations historiques, il dégage bien la double identité de Moïse, qui était gendre d'un grand prêtre non juif, ayant des enfants non circoncis, sans doute non circoncis lui-même, et répugnant à obéir aux injonctions du Buisson ardent. Je constate que cette double identité disparaît quand Moïse, le timoré, le sceptique, devient le fanatique, brise de fureur les Tables et massacre en masse les adeptes du veau d'or. Du reste la Bible, qui est un monument prodigieux du sublime et de l'horrible, me devient moins proche et moins inspiratrice quand apparaît le fanatisme mosaïque et l'idée de peuple élu. Pour moi la Bible fut sourcière jusqu'au Sinaï.

Freud a ouvert une fantastique brèche qui a permis à son tour les audacieuses percées et plongées dues à l'imagination spéculative des Jung, Ferenczi, Rank, entre autres. Mais la profondeur dialectique de l'œuvre du fondateur et de ces premiers continuateurs, a été dégradée chez les épigones en éthylisme rationalisateur et en idéologie thérapeutique. Ainsi chez Lacan et quelques autres, où le message structuraliste a rejeté à la périphérie la notion de sujet, pour ne considérer qu'un inconscient, réduit à une machinerie linguistique obéissant à des lois anonymes. Althusser a coupé Marx en deux, rejetant comme non scientifique un Marx de jeunesse, humaniste et philosophe. Lacan de son côté a coupé Freud, éliminant le biologique, *Trieb*, l'instinct, la pulsion, et introduisant la structure linguistique anonyme au cœur de la subjectivité humaine. Il élimine ainsi la complexité de la pensée freudienne du sujet, qui incluait la nature biologique de l'humain dans sa nature culturelle.

Les épigones brisent souvent les pensées fondatrices, qui doivent toujours être régénérées et reconstituées par un retour aux sources. Aussi la psychanalyse est à présent inachevée, égarée, disloquée. Elle doit retourner à ses principes fondateurs, mais il faudrait aussi les intégrer dans une conception plus ample.

L'école de Francfort

J'ai fait connaissance avec les théories de l'école de Francfort (Adorno, Horkheimer, Marcuse, et aussi Bloch) à l'époque où je dirigeais *Arguments* (1957-1962), et où nous réinterrogions le marxisme. Ce qui m'a tout de suite intéressé, c'est de voir que des penseurs comme Adorno et Horkheimer travaillaient à l'intérieur du marxisme, conservant son noyau dialectique/critique, mais le libérant de la promesse du salut et de la scolastique doctrinaire.

Essentielle aussi m'a paru leur critique de la raison instrumentale. Ils avaient bien vu que la raison, quand elle s'enferme en elle-même (raison « close ») devient d'elle-même autoritaire : elle étend son universalité potentielle à l'univers, qu'elle s'approprie via le calcul et la manipulation ; elle identifie son ordre à l'ordre cosmique ou historique et s'approprie les lois de la Nature. La Raison majusculisée, pétrifiée en abstractions et rationalisations, instaure en elle une guillotine idéologique et développe des potentialités totalitaires.

J'ai été conduit ainsi à la très importante distinction entre rationalité et rationalisation. La rationalisation, c'est la logique close, démentielle, qui opère en s'appliquant unilatéralement sur le réel, et quand le réel ne se plie pas à cette logique, on le nie ou bien on lui met des forceps pour qu'il obéisse. La rationalisation est démentielle et elle a pourtant les mêmes ingrédients que la raison (le calcul, la démarche discursive, la logique). La différence importante, c'est que la raison est ouverte, elle reconnaît dans l'univers la présence du non rationalisable, c'est-à-dire la présence de l'inconnu et du mystère. Elle intègre l'auto-examen, le doute, l'incertitude, les limites de la connaissance dans la connaissance rationnelle elle-même.

Ce qu'il est intéressant de noter, et qu'Adorno et Horkheimer mettent bien en évidence, c'est que nous assistons depuis le XVIIIe siècle à des processus d'autodestruction de la raison. La raison devient rationalisation, non pas sous l'effet de quelque pression extérieure, mais sous l'effet d'une tendance intérieure non contrôlée. C'est au cœur même de la raison que naît son double rationalisateur. Nous comprenons alors que la vraie rationalité se manifeste par la lutte contre la rationalisation qui naît de la raison elle-même.

Adorno est sans doute celui qui m'a le plus marqué dans le groupe des penseurs de Francfort. Héritier de la conception hégéliano-marxiste de la totalité, il a su voir que la totalité se désagrégeait. Elle était en crise dans le système même qui croyait l'englober (l'hégéliano-marxisme). Comme je l'ai dit plus haut, j'ai définitivement alors adopté les mots d'Adorno : « La totalité est la non-vérité. » Dans ma période d'*Arguments*, il me paraissait clair que la vérité était dans le déchirement, dans les contradictions, dans la fin de toutes les synthèses heureuses. La connaissance humaine est mutilée, partielle, contradictoire. Et c'est en prenant conscience de nos limites rationnelles, épistémologiques, cognitives, que nous pouvons tendre vers la lucidité critique. J'écrivais : « C'est à partir de la reconnaissance du déchirement et de la contradiction que nous pouvons éviter les magies, fétichismes, pétrifications de l'esprit. »

Dans *Pour sortir du XXe siècle*, je signale une idée d'Adorno, tirée de *La Dialectique négative*, avec laquelle je me sens en profonde résonance : « L'individu n'est capable de la pensée dont la praxis révolutionnaire a besoin, que s'il est exilé de la pratique générale. » Cette phrase vaut pour tous les grands penseurs et tous les grands révolutionnaires : ils étaient des marginaux. Ainsi l'œuvre théorique de Marx est une œuvre d'exil. Toute grande pensée doit lutter contre les habitudes mentales et les paradigmes dominants. Il est donc clair qu'elle ne peut trouver son bouillon de culture véritable que chez les marginalisés, hérétiques, déviants, dissidents. Leurs déviances deviennent des tendances quand la société les reconnaît et les assimile, mais elles doivent sans cesse être régénérées par le retour à leur source première ou par de nouvelles déviances.

Le côté d'Adorno et de Marcuse dont je me sens éloigné, c'est leur critique de la culture de masse. Avec leur aristocratie d'universitaires allemands et leur marxisme non complexifié dans ce domaine, ils voyaient dans la « *mass culture* » issue des médias, une entreprise d'abêtissement contribuant à endormir les travailleurs et les détourner de leur tâche révolutionnaire. Dans *L'Esprit du temps*, j'ai mis en relief l'ambivalence de cette culture, travaillée par l'antagonisme et la complémentarité entre production et création, art et industrie. J'ai montré que la culture industrielle pouvait produire des chefs-d'œuvre, comme certains films d'Hollywood, que les magazines, les chansons, les folklores rendaient visibles des vérités anthropologiques profondes. Dans la culture de masse, l'archaïque des mythes et de la magie est présent dans la modernité, et l'analyse des mythes et des nouveaux cultes (aux quasi-divinités que sont les stars, aujourd'hui les « people ») dévoile la vitalité du mythologique au cœur de notre modernité.

Walter Benjamin, tout en étant proche de l'école de Francfort, n'en faisait pas vraiment partie. D'ailleurs Adorno ne le comprenait pas vraiment. J'avais lu *L'œuvre d'art à l'époque de sa reproductibilité technique*, dont Malraux s'est inspiré dans son texte sur le cinéma : *Esquisse d'une psychologie du cinéma.*

Ce qui m'a surtout frappé, ce sont ses *Thèses sur l'Histoire*, parues d'abord dans *Les Temps modernes*. J'ai souvent cité cette phrase : « Il n'est pas un signe de civilisation qui ne soit aussi un signe de barbarie. » Elle exprime bien pour moi la dialogique, à la fois tragique et porteuse d'espérance, qui caractérise la civilisation. Car la barbarie produit la civilisation et naît de la civilisation, et c'est en même temps dans la civilisation que nous puisons les forces pour lutter contre la barbarie.

Heidegger

J'ai rencontré Heidegger en 1945 à Fribourg, puis dans son refuge de Totnauberg, alors que j'étais sous l'uniforme du gouvernement militaire français en Allemagne. J'ai raconté cette rencontre dans le deuxième volume du livre de Dominique Janicaud, *Heidegger en France*. J'ai recroisé sa pensée au cours de l'aventure d'*Arguments*. Nous y avions publié divers textes du récent Heidegger et Kostas Axelos m'a aidé à découvrir le penseur de la technique où j'ai puisé la notion d'ère planétaire.

Heidegger présentait le progrès technique comme arraisonnement du monde : mise à la raison du monde par le calcul et la manipulation, idée qui deviendra germinale en moi ; d'une part cette idée m'aidera à distinguer puis opposer la rationalité et la rationalisation ; la rationalité n'est pas arraisonnante, puisqu'elle laisse une place essentielle à l'irrationalisable, à l'inconnaissable et au mystère ; la rationalisation, elle, est uniformisante, close, clôturante, manipulatrice ; d'autre part, cette idée m'aidera à concevoir le lien entre les deux barbaries qui nous menacent aujourd'hui ; la première vient, je l'ai dit, du fond de l'Histoire, elle se déchaîne dans les guerres, massacres, déportations, la seconde vient du règne glacé de la technique, elle se répand en séparations, rigidifications, manipulations, bureaucratisation, règnes du calcul et de la gestion. Mais j'ai toujours gardé une conception dialogique et complexe du développement de la technique, notant qu'il crée de nouveaux processus d'émancipation, en même temps que de nouveaux processus d'asservissement. J'ajoute, et c'est capital, que Heidegger m'a aidé à comprendre qu'il fallait penser planétairement les problèmes de l'humanité, que les temps modernes doivent être pensés sous l'angle de la naissance et du développement de l'ère planétaire. C'est un constat que je fais dès l'époque d'*Arguments* et qui constitue l'une des conclusions de mon *Autocritique*.

Je trouve chez Heidegger des stimulations intellectuelles multiples dans *Être et Temps*, qui est un livre prodigieux, dans son cours sur Kant, dans le dernier Heidegger. Je n'entre pas pour autant dans le fond de sa philosophie. La différence de l'Être et de l'étant ne me parle guère, la philosophie du « Dasein » m'a intéressé sans m'illuminer. Ce sont les dimensions multiples, multidimensionnelles, contradictoires, génératives et auto-génératrices de l'existence qui me paraissent essentielles, au-delà du fait même de l'existence. Ceci dit, il n'est pas un texte de Heidegger que je lise sans y trouver une phrase qui m'inspire, m'interpelle. Plus qu'à tels ou tels concepts de sa philosophie, je suis sensible au mouvement même de sa pensée, qui refait voir les choses d'une façon neuve. Heidegger est un esprit qui oblige à repenser, reconsidérer, recommencer à penser.

Ainsi Heidegger a écrit en 1953 : « Aucune époque n'a accumulé sur l'homme des connaissances aussi nombreuses et aussi diverses que la nôtre. Aucune époque n'a réussi à présenter son savoir de l'Homme sous une forme qui nous touche davantage. Aucune époque n'a réussi à rendre ce savoir aussi promptement et aussi aisément accessible. Mais aussi, aucune époque n'a moins su ce qu'est l'Homme. » Ce diagnostic est profondément juste. Les nouvelles acquisitions que nous faisons sans cesse sont dispersées, compartimentées dans des disciplines distinctes, non organisées dans une vision cohérente. Les points de vue généraux et globaux, les besoins anthropologiques profonds, l'inséparabilité des problèmes humains ne sont pas vus ou ne sont vus que très partiellement. Heidegger dit à ce propos : « [...] questionner fait voler en éclats la mise en boîte des savoirs dans leurs compartiments[1]. »

Heidegger me rafraîchit Héraclite quand il énonce : « Toute connaissance est aporétique. » Il me rafraichît Pascal quand il énonce : « Tout éclairement ne fait qu'ouvrir des abîmes nouveaux[2]. »

J'ai souvent cité cette belle idée de Heidegger : « [Le commencement] ne gît pas derrière nous [...] mais il se dresse devant nous[3]. » Elle est à la croisée pour moi de beaucoup d'idées essentielles : le « sans l'espérance, tu ne trouveras pas l'inespéré » d'Héraclite, l'homme naturel de Rousseau, l'homme générique de Marx, mon pari pascalien et dostoïevskien sur l'homme, pari sur notre capacité à résister à la cruauté du monde, sur nos chances de métamorphose.

La polémique sur son passé nazi a repris récemment avec l'édition des œuvres complètes. On continue à aller chercher telle ou telle phrase compromettante de 33 ou 35, sur la « race » ou autre. C'est vrai que Heidegger a été convaincu en 33-34 que le nazisme allait régénérer l'Allemagne. Puis il a pris ses distances, tout en gardant sa carte du parti nazi. Mais on en arrive toujours à ces questions : peut-on réduire un auteur à ses idées politiques ? Peut-on réduire la complexité d'une pensée à quelques phrases ? La complexité d'un homme à ses carences ? Toute ma vie, je me suis battu contre de telles simplifications et mutilations, contre les dénonciations, les mises à l'index.

1. *L'Auto-affirmation de l'Université allemande*, op. cit., cf. p. 81.
2. « Cours sur la Critique de la Raison Pure de Kant », Hiver 1927-1928.
3. *L'Auto-affirmation de l'Université allemande, op. cit.*

Les penseurs de la science et les scientifiques penseurs

Quand je m'initie à la fin des années soixante aux nouvelles théories de l'information, de la cybernétique, des systèmes, je lis dans le même temps les penseurs de la science et les scientifiques penseurs. J'ai déjà un socle de connaissances scientifiques que je vais inséminer, enrichir et propager dans toutes les directions. J'ai déjà lu Bachelard et Piaget, je suis déjà marqué par Bergson et sa philosophie de l'élan vital et de l'évolution créatrice. Par ailleurs, au cours de la période d'*Arguments,* j'ai réfléchi au principe de relativité einsteinien, au principe d'indétermination de Heisenberg, à la découverte de l'antimatière, pressentant l'importance des nouvelles sciences comme la cybernétique et la théorie de l'information.

D'une façon générale, je dirai que mes philosophes en ce domaine sont ceux qui ont su dépasser la disjonction sciences/philosophie. Ce sont des philosophes qui ont su penser la science (ainsi Bergson) des philosophes de la logique et des limites de la rationalité (Jean Ladrière et Jean-Toussaint Desanti), des penseurs polydisciplinaires et épistémologues (Jean Piaget) et des scientifiques qui ont su être philosophes (ainsi Niels Bohr).

Bergson

Bergson a su reconnaître la créativité au cœur de l'histoire de la vie, à contre-courant des biologistes de son temps imprégnés de déterminisme biologique ou de darwinisme, lequel explique l'évolution par le mécanisme de la sélection naturelle sans songer à la créativité naturelle. Il répondait d'avance aux néo-darwiniens qui introduiront le modèle de la mutation génétique aléatoire pour expliquer l'inventivité extraordinaire de la vie. Bergson voyait une analogie entre l'inventivité et l'ingéniosité de la conscience humaine et les innovations vitales créatrices de solutions, d'espèces, d'organes nouveaux, nageoires, ailes, organes de perception, posant une origine commune aux deux inventivités qu'il nomma « élan vital ».

Dans mon esprit Bergson voisine avec Spinoza qui lui aussi a voulu, dans son *Deus sive natura,* retirer la créativité au Dieu transcendant et la replonger dans la vie (donc aussi dans l'homme). Il est donc du versant spinozien du néo-marranisme. Il faudrait ajouter qu'il participe du néo-marranisme à tendance mystique qui est celui de Thérèse d'Avila, de Jean de la Croix (dont on sait l'ascendance) et d'Abraham Cardoso. Bergson développe en effet dans *Matière et* mémoire et *Les deux sources* un spiritualisme à tendance mystique.

Bergson a su approcher d'une manière singulièrement profonde d'un problème qui m'est fondamental et d'où procède mon propre élan de pensée. Comment se fait-il qu'il y ait, à côté des forces formidables de désorganisation, de séparation, de mort, des forces biologiques inouïes d'organisation et produisant les merveilles et inventions prodigieuses de la vie, fleurs, ailes, foie, cerveau ? Comment se fait-il que la vie crée de l'ordre et de l'organisation, quand le second principe de la thermodynamique pose la dispersion et la dissipation inéluctables de l'énergie et de l'organisation ?

Je n'adopte pas pour autant son idée d'un principe vital, opposé de manière quelque peu manichéenne aux lois de la matière. Je pense que pour expliquer le mystérieux élan créateur de la vie, il faut associer (contradictoirement et de manière complémentaire), les lois de la nature physico-chimique et le principe de l'auto-organisation, lequel implique des émergences (depuis les propriétés de la vie jusqu'à la conscience humaine). Ces émergences sont les propriétés ou qualités qui naissent de l'organisation d'un système, qui ne sont pas dans la somme de ses éléments, mais naissent de leur association.

Pour la même raison, si j'ai de forts élans mystiques, je ne suis pas spiritualiste à la façon de Bergson, qui a mené, dans *Matière et mémoire*, une véritable bataille de la Marne contre le matérialisme. Reconnaissant les acquis de la recherche cérébrale, il les utilise pour affirmer que l'esprit déborde irrésistiblement son expression en tant que cerveau, lequel devient une simple image créée par notre esprit. Dans *La Vie de la vie*, et surtout dans *La Connaissance de la connaissance*, j'ai proposé un principe de co-génération esprit/cerveau, qui dépasse la dualité du spiritualisme et du matérialisme. Je montre que le cerveau génère l'esprit qui lui-même en retour génère le cerveau, le tout constituant une boucle récursive où aucun terme ne domine l'autre.

Bachelard

Bachelard, comme Piaget, dont je parle ci-après, m'ont aidé chacun à sa façon à m'opposer à la pensée simplificatrice et disjonctive, la pensée qui veut réduire les complexités à de la simplicité et disjoint à la manière de Descartes la connaissance et la vie, l'âme et le corps. De Bachelard, je retiens l'idée que « le Simple est toujours le simplifié ». Il a bien saisi que la progression de la science contemporaine se trouve confrontée sur tous ses fronts à la complexité et que le propre d'une théorie n'est pas de réduire les complexités à la simplicité, mais de traduire la complexité en théorie. Ceci implique de ne pas asservir la réalité à notre logique, et de comprendre que celle-ci devient insuffisante et aporétique lorsqu'elle cherche à résoudre seule le moindre de nos problèmes fondamentaux.

Piaget

De Piaget, je retiens le caractère transdisciplinaire de sa pensée, dont les constituants après sa mort se sont séparés : psychologie de l'enfant, biologie, épistémologie, etc. Et ce n'est pas vraiment le psychologue de l'enfance qui m'a marqué, pionnier quelque peu dépassé dans ce domaine, ni le théoricien de la prédominance de l'acquis sur l'inné (car selon moi il faut de grandes dispositions innées pour pouvoir beaucoup acquérir), mais celui de *Logique et connaissance scientifique*[1].

L'apport clé que je trouve chez Piaget est ainsi celui du « cercle des sciences » où les rapports entre les sciences sont envisagés d'un point de vue non réductionniste et récursif. Ainsi la logique et les mathématiques fournissent à la physique, à la biologie, à la psychologie, à la sociologie des outils intellectuels et, en retour, la biologie, reliée au monde physico-chimique, sert de socle à la psychologie et à la sociologie, comme elle élucide les connaissances logiques et mathématiques. On a donc une boucle où les sciences humaines sont sur le socle de la biologie, qui est sur le socle de la physique, mais celle-ci est une science née de l'histoire et de la société humaine, d'où la conception en boucle récursive des

1. Encyclopédie de la Pléiade, 1967.

sciences sans priorité ni base fondamentale, le tout mettant en évidence le cercle qui relie toutes les sciences.

L'idée piagétienne d'une « épistémologie génétique » est un remarquable effort de connaître la connaissance, à partir d'un point de vue générique et génétique qui enracine la connaissance dans l'organisation biologique. C'est un problème qui ne pouvait pas être posé en termes cartésiens (ni tout à fait en termes kantiens, comme je le montrerai dans la conclusion). Le problème de l'ancrage de la connaissance dans la vie s'est du reste posé au cœur de la philosophie. D'une certaine manière c'est le cas chez Hegel, chez Kierkegaard, chez Nietzsche, ainsi que chez Husserl, qui cherchait dans le *Lebenswelt*, monde la vie, les racines de nos concepts, idées, énoncés conscients.

Piaget a conçu très profondément qu'il y avait un isomorphisme structurel entre l'organisation vivante et l'organisation cognitive, que les conditions de la connaissance, y compris les catégories intellectuelles et les données *a priori*, ont leur source dans les principes fondamentaux de l'organisation vivante, arrivant même à cette phrase profonde : « On peut donc dire qu'à une certaine profondeur l'organisation vitale et l'organisation mentale ne constituent qu'une seule et même chose. » Dans son esprit ceci pouvait expliquer à la fois l'origine des structures logico-mathématiques, et leur manière efficace de s'appliquer au milieu extérieur.

Toutefois Piaget a trop vite stérilisé cette intuition lumineuse. Il s'est limité à l'idée de structures cognitives produites comme autorégulation des structures biologiques en interaction avec leur milieu extérieur. Il n'a pas vu à quel point l'inscription de la connaissance dans la vie pouvait être profond et fondamental et du reste réciproque, l'acte de cognition s'enracinant dans la vie et la vie s'enracinant dans des actes cognitifs. J'ai poussé plus loin, avançant l'idée de *computo* biologique (voir le chapitre « Descartes », p. 46) ainsi que le principe d'auto-éco-organisation, où le vivant est conçu comme une autonomie émergeant à partir des relations de dépendance avec son milieu, montrant par ailleurs que le vivant qui est dans le monde, reconstruit le monde en lui. Si comme le dit Piaget le fonctionnement cérébral exprime des formes d'organisation biologique, c'est que ces formes d'organisation biologique expriment elles-mêmes une dimension cognitive présente dans toute vie, y compris la plus élémentaire. Chez l'être cellulaire le plus humble, nulles opérations organisatrices, productives, reproductrices, ne peuvent être dissociées d'opérations computantes, c'est-à-dire cogitantes. La connaissance qui est au cœur de la vie est certes une connaissance qui ne se connaît pas – Schelling a dit : « la vie est un savoir qui s'ignore lui-même » – mais c'est d'elle qu'émerge notre connaissance consciente.

Pour conclure, tous ces apports de Piaget m'ont inspiré dans l'élaboration d'une « épistémologie complexe », exposée en particulier dans *La Connaissance de la connaissance*, et sous-jacente à l'ensemble de *La Méthode*. Le schéma suivant donne une idée de la complexité qu'embrasse selon moi l'épistémologie complexe.

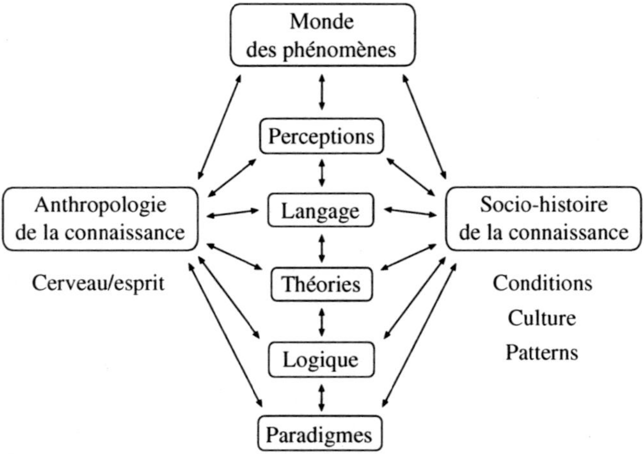

Chaque niveau d'organisation de la connaissance (Perceptions/théories, langage, logique, paradigmes) est lui-même inclus dans une boucle récursive où l'organisateur devient organisé et l'organise organisateur, via une boucle récursive qui le lie à l'anthropologie de la connaissance et à la socio-histoire de la connaissance. Le tout constitue une boucle de boucles spirales (qui est aussi une boucle de boucles de boucles), et exprime l'épistémologie complexe.

Ma révolution californienne

J'avais déjà eu l'occasion de m'initier à la cybernétique dans le cadre vivifiant et amical que fut le groupe des Dix, créé en 1967 par Jacques Robin, et grâce en particulier à la pensée d'Henri Laborit et à celle du modeste docteur Jacques Sauvan. Jacques Monod me fait alors lire le manuscrit du *Hasard et la Nécessité*, qui paraîtra en 1970, où il développait l'idée que le hasard était la racine même des prodiges de l'évolution. Même si j'ai toujours évité d'hypostasier cette notion, *Le Hasard et la Nécessité* m'a conforté dans l'idée d'une importance fondamentale du hasard pour la science. L'imprévu, l'aléa sont irréductibles dans nos vies, mais ils le sont aussi, comme de même les phénomènes de désordre, pour toute science et cette découverte m'a été une illumination. J'ai compris que le hasard et le désordre avaient fait leur entrée dans les sciences physiques, dans la thermodynamique avec les agitations, collisions, dispersions irréversibles des molécules et des atomes, dans les phénomènes microphysiques qui sont indéterminés dans leur profondeur, dans le cosmos lui-même où l'explosion originaire du big-bang produisait un univers peut-être soumis à une dispersion irréversible. Mais à eux seuls aléas, désordres, dispersions, comme explosions, bruits, fureurs, ne donnent pas la clé de la complexité que nous trouvons en nous-mêmes, dans le monde et dans la vie. Cette clé, il me faudra un long parcours, fait de lectures, d'initiations, d'idées illuminantes, pour la trouver.

Avec l'aide de Jacques Monod, ainsi qu'avec celle de John Hunt, j'ai pu être invité pour un an (1968-1969) à l'Institut Salk de recherches biologiques de La Jolla, en Californie. J'y arrivais en plein milieu de la révolution biologique suscitée par la découverte de la structure en double hélice de la molécule d'ADN par Watson et Crick. Pour la plupart des biologistes c'était le triomphe du réductionnisme, confirmant que la matière vivante n'est rien d'autre que physico-chimique. Mais j'allais progressivement prendre conscience du fait que la clé du problème de la vie était dans l'originalité de l'organisation vivante.

Les trois théories, et leur dépassement

Encore sous le choc merveilleux de mai 68, qui a été pour moi un nouveau commencement, je fus galvanisé par l'extraordinaire bouillon de culture californien et j'ai commencé à m'initier aux trois théories apparues au début des années 40, théories qui s'interpénétraient et s'entrefécondaient : 1. La *théorie des systèmes* dont je retiens l'idée que « le tout est plus que la somme des parties » : les systèmes présentent des qualités « émergentes » qui peuvent rétroagir sur les parties. Ainsi l'eau a des qualités émergentes par rapport à l'hydrogène et l'oxygène qui la constituent. Par ailleurs, le tout est également moins que la somme des parties car les parties peuvent avoir des qualités qui sont inhibées par l'organisation propre au système. 2. La *théorie de l'information* (en particulier avec Warren Weawer, Léon Brillouin) qui nous place dans un univers, où l'on trouve à la fois de l'ordre (de la redondance) et du désordre (du « bruit »), d'où l'on peut extraire du nouveau, c'est-à-dire de l'information, qui devient alors organisatrice (programmatrice) d'une machine cybernétique. L'information résout une incertitude ou nous apporte l'inattendu, en même temps que la nouveauté. 3. La *théorie cybernétique* ou théorie des machines autonomes (où à cette occasion je complète mes connaissances acquises au Groupe des dix en lisant William Ross Ashby, Gregory Bateson[1], Norbert Wiener), avec l'idée de rétroaction, qu'introduit Norbert Wiener. Celle-ci rompt avec le principe de causalité linéaire en introduisant celui de boucle causale. La cause agit sur l'effet, et l'effet rétroagit sur la cause. La boucle de rétroaction (appelée *feed-back*) joue le rôle régulateur qui maintient la stabilité d'un système en éliminant les déviances (*feed-back* négatif) ou elle joue le rôle d'un mécanisme amplificateur des déviances (*feed-back* positif) pouvant devenir explosif comme on le voit par exemple dans la situation de montée aux extrêmes d'un conflit.

Ces trois théories, j'ai pu les intégrer et repenser pour les dépasser finalement en une théorie de l'organisation comme auto-éco-organisation, ce qui m'a permis simultanément d'élaborer les principes méthodologiques d'une pensée complexe, que j'ai exposés dans *La Méthode*. J'y suis arrivé à la suite d'une véritable gestation/mutation intellectuelle où les apports de penseurs de la science m'ont été des nourritures fondamentales.

---

1. Je dois à Gregory Bateson bien des stimulations intellectuelles. Ainsi je retiens : « L'esprit, après avoir tout expliqué, est devenu ce qui doit être expliqué. » De même : « Ce qui est mystérieux, ce n'est pas l'inconscient, c'est la conscience. » Ce sont d'ailleurs des propositions à compléter dialogiquement. D'une part, nous devons tenter d'expliquer le mystère de l'esprit en même temps que le mystère de la matière et du cosmos, et en même temps l'un par l'autre. D'autre part, je dirais plutôt : ce qui est mystérieux c'est la conscience *et* l'inconscient, ainsi que la relation de l'un à l'autre.

Je dois reconnaître ma dette initiale à Henri Atlan qui, le premier a attiré mon attention vers le problème de l'auto-organisation. Il m'a fait découvrir la théorie du « hasard organisateur » et m'a fait aussi découvrir Heinz von Foerster à qui je suis redevable de beaucoup de mes idées sources. J'ajoute que j'ai aussi été frappé par les réflexions d'Erwin Schrödinger, qui posait dans *What is Life ?* la question suivante : pourquoi l'être vivant, au lieu de succomber au désordre en vertu du second principe de la thermodynamique, réussit à maintenir son organisation ?

Von Neumann

La théorie des automates autoreproducteurs de von Neumann[1] m'a été aussi une stimulation capitale. Celui-ci avait découvert ce qui oppose les automates naturels (les êtres vivants) aux automates artificiels. Il s'était demandé pourquoi une machine artificielle, dont les composants sont d'une grande fiabilité est pourtant moins fiable que la machine vivante dont les protéines constitutives sont de leur côté extrêmement dégradables. Il comprit que ceci s'expliquait par le caractère dégénératif de la première où une perturbation, la moindre erreur bloquent la machine ou provoquent sa dégradation irréversible, tandis que la seconde est capable jusqu'à un certain point de tolérer, combattre, rectifier l'erreur en procédant à des réparations, des régénérations et des réorganisations. Von Neumann découvre ainsi que la grande originalité de l'automate « naturel » (l'être vivant) est de fonctionner avec du désordre et de se régénérer en permanence, à partir de la

1. John von Neumann, *The theory of self reproducing automata*, A. W. Burks, Univ. of Illinois Press, 1966.

mort de ses cellules, selon ce qui nous ramène à la formule d'Héraclite : « Vivre de mort, mourir de vie. »

Von Foerster

Mais surtout dans ces années-là (le début des années 70) Heinz von Foerster a été mon plus profond inspirateur. Il a permis qu'émergent en moi des vérités informulées que je portais. Ma première rencontre personnelle avec lui date du Colloque de Royaumont sur « L'Unité de l'homme » où je l'avais invité (septembre 1972), et je ne peux oublier nos entretiens, dans son nid d'aigle de Pesadero (Californie). Je retiens quatre apports qui m'ont été des stimulations premières et auxquelles je reviens toujours comme à des sources régénératrices.

1. Le principe « order from noise » formulé dès 1960[1]. Selon ce principe des phénomènes organisés peuvent, dans certaines conditions, naître de perturbations, turbulences, agitations désordonnées, chaos. Ce principe se distingue du classique « order from order » (l'ordre conçu comme découlant des lois naturelles) et du principe statistique « order from disorder », (où un ordre statistique naît, comme on le voit au niveau des populations, des comportements désordonnés/aléatoires des individus). Le principe « *order from noise* » implique un rôle génésique du désordre. De leur côté, les travaux de Prigogine, dès les années 70, sur les « structures dissipatives », ont montré que des structures tourbillonnaires cohérentes pouvaient, dans des conditions éloignées de l'équilibre,

1. « On self-organizing systems and their environments », Self-Organizing Systems, Pergamon, New York, 1960.

naître de perturbations qui devraient apparemment se résoudre en turbulences.

Ces approches de la complexité auto-organisatrice réclamaient une synthèse et une élucidation en tétragramme que j'effectue ainsi dans *La Nature de la nature* :

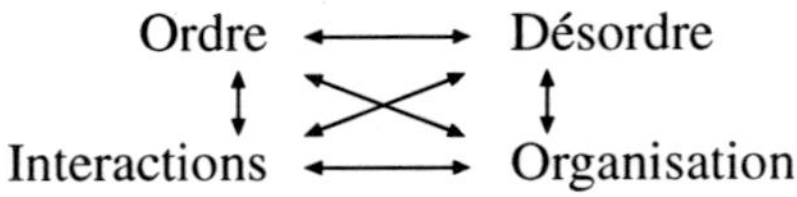

Cette boucle tétralogique signifie qu'ordre, désordre, organisation sont co-produits simultanément et réciproquement et qu'ils entretiennent des relations d'antagonisme et de complémentarité. Ainsi, non seulement l'organisation produit de l'ordre *malgré* le désordre qui produit les interactions aléatoires, mais elle produit également cet ordre *avec* ce désordre désorganisateur. Il faut concevoir ces quatre termes comme constituant une boucle où chacun génère les autres et en est généré. De l'ensemble émerge cette mystérieuse propriété qu'est l'auto-organisation.

2. *La notion de boucle récursive*. Von Foerster est le premier à avoir mis au centre des processus auto-organisateurs (vivants) l'idée récursive. La causalité récursive l'emporte en complexité et en profondeur ontologique sur la causalité rétroactive de Wiener. J'ai écrit à ce propos dans *La Nature de la nature :* « Le concept de récursion sera le concept solaire à l'égard de quoi le concept de rétroaction sera dérivé et satellisé. Ce qui signifie que la planète wienérienne, qui semble soleil, doit être conçue en fonction de l'éclairage foerstérien. » Pour moi, la notion de boucle récursive et, plus généralement, l'idée d'organisation récursive, est l'outil mental indispensable pour comprendre la nature de la complexité biologique. Dans une organisation récursive les effets ou les produits sont nécessaires à la propre causation et à la

propre production de l'organisation. Elle s'observe dans tout phénomène qui comprend en lui une complexité fondamentale (et non plus seulement une complexité au sens plus ordinaire de hasards, aléas, dispersions, enchevêtrements). Ainsi, une société est produite par les interactions entre individus, mais ce processus produit réagit récursivement sur les individus, par l'éducation, le langage, la culture, pour les co-produire en tant qu'individus humains.

3. *La détrivialisation de la connaissance.* Alors que les cybernéticiens de la première génération n'envisageaient que des machines auto-régulées qui demeuraient trivialement déterministes, avec von Foerster, commence la cybernétique de « second ordre » qui, via la récursivité, introduit l'auto-référence, la réflexivité, la créativité, ce qui permet d'envisager l'être vivant et l'être pensant comme machines non triviales. Une machine non triviale est parfois imprévisible, innovante, créatrice et nous sommes tous capables d'actes imprévisibles, surprenants, inventifs. On ne peut donc appliquer une logique de machine déterministe triviale aux êtres vivants, aux sociétés, aux processus historiques, aux processus de pensée. Il nous faut ici une pensée complexe, apte en particulier à intégrer les singularités, la création, l'indétermination, le mystère.

Au niveau supérieur, la récursivité se traduit par la conscience, ultime émergence de la complexité propre à l'esprit humain. La conscience est réflexive par nature, elle est un retour incessant sur les pensées qui la produisent pour les transformer ou les régénérer à nouveau, nous donnant ainsi les facultés du doute, de l'auto-examen, entretenant en nous la dialogique, et aussi l'uni-dualité du sujet observé et du sujet qui observe.

Cela conduit à l'important principe que l'observateur peut et doit s'observer. Von Foerster a été l'un des tout premiers à montrer que nous avons besoin d'une

« épistémologie des systèmes observateurs » à côté d'une « épistémologie des systèmes observés ». L'épistémologue n'est pas un dieu surplombant dans les nuées les connaissances qu'il étudie. Cette idée d'une connaissance de la connaissance, impliquant la connaissance du sujet qui connaît, autant que la connaissance de l'objet connu, je l'ai définitivement adoptée. Et j'ajoute qu'il me paraît essentiel de faire appel à l'auto-examen et à l'autoreflexion, et de considérer de façon critique notre site de pensée et, mieux et pire : notre personne, avec ses affects, ses émotions, ses désirs, ses délires. Le grand oublié des sciences et de la plupart des épistémologies, est le sujet vivant aléatoire, insuffisant, vacillant, modeste. Montaigne, pour moi, est indissociable de von Foerster.

4. *Le caractère fondamental de la liberté*. Cette pensée du « second ordre » ou du « second degré » nous fait comprendre l'importance fondamentale de l'*autos*, de la référence à soi, que l'on trouve dans « auto-organisation », « autoproduction », « autonomie ». Penser au second degré favorise notre liberté, nous libérant de la tyrannie des machines triviales. En ce qui me concerne, je pense que nous ne pouvons nous libérer des dépendances, mais nous pouvons construire notre autonomie dans les dépendances. Du reste toute autonomie est dépendante. Nous sommes soumis à nos gènes, à nos besoins, à nos émotions, à notre société, à notre culture, mais nous pouvons toujours nous autonomiser dans ces dépendances. Le retour récursif à soi, à l'*autos* ouvre le champ des possibles, de la créativité, de l'éthique. La liberté se définit alors comme possibilité de choix. Comme le disait von Foerster : « Fais en sorte que chacun puisse développer ses possibilités de choix. » C'est par là que l'épistémologie foerstérienne rejoint l'éthique.

Je dois ajouter que von Foerster m'a permis de connaître et d'approfondir les apports de penseurs qui s'inscrivent dans la « seconde cybernétique » qu'il a initiée, comme Humberto Maturana et Francisco Varela. Ces auteurs introduisent la notion d'« autoproduction » ou d'« auto-poïésis », c'est-à-dire la capacité de s'autoproduire de façon permanente et donc de faire référence à soi, comme la propriété centrale des systèmes vivants. Ce point est essentiel, chez eux comme chez von Foerster. Chacun à sa façon m'a permis de penser cet *autos*, cette référence à soi qui est fondamentale dans la constitution profonde du vivant, et de réintroduire la notion de sujet dans la compréhension du vivant. C'est là un point clé de l'auto-organisation vivante. La référence à soi signifie que l'individu-sujet se réfère certes, en chacune de ses computations et décisions, aux données objectives, qui peuvent lui être intérieures ou extérieures, mais aussi à lui-même comme centre de référence. Cette discrimination du soi et du non-soi constitue une propriété fondamentale : la propriété d'établir une relation avec soi-même, dans/par/malgré la relation avec l'autre, avec l'extérieur.

L'autre point qui me paraît essentiel dans cette « autopoïésis », c'est que la boucle récursive productrice de soi produit de l'être et de l'existence : la causalité récursive a une profondeur ontologique et l'être vivant, en s'auto-organisant se crée lui-même, point qui est très difficile à admettre pour une pensée qui disjoint matière et esprit.

Je dois dire cependant que cette extraordinaire perspicacité de von Foerster, Maturama et Varela pour dégager l'idée d'auto-référence, d'auto-poïésis, s'accompagne de l'idée d'une fermeture organisationnelle du vivant qui apparaît dans une logique de clôture à l'égard du milieu extérieur. Tout en reconnaissant que ce point de vue est profond, je trouve qu'il ne délégitime pas le point de vue contradictoire d'une ouverture profonde et fondamentale du vivant au monde extérieur. Ici précisément intervient le point de vue dialogique, qui saisit la profondeur mutuelle et la complémentarité de deux vérités contraires de fermeture et ouverture.

Niels Bohr

Il s'ajoute donc le problème-clé de la contradiction. Pour la logique classique, une contradiction est un signal d'alarme qui indique l'erreur. Ainsi, pour la logique classique la contradiction entre les deux descriptions des objets microphysiques, qui apparaissaient selon les cas comme des ondes ou comme des particules, doit être rejetée. C'est ici que l'apport de Niels Bohr a été illuminant en déclarant qu'il fallait accepter la contradiction entre les deux notions, qui tout en étant opposées devenaient complémentaires.

Niels Bohr m'a ainsi conduit à l'idée que le séparé est aussi l'inséparable, puisque la particule microphysique est, selon l'observation, tantôt onde – continue – tantôt corpuscule – objet séparé. Il a d'ailleurs élargi sa réflexion au-delà de la microphysique en remarquant que le rapport entre l'individu et la société est non moins paradoxal : si l'on regarde la société, l'individu s'évanouit dans ce tout, si l'on regarde l'individu, la société se dissout ; de même pour la relation individu/espèce ; j'ajoute que ceci vaut pour la relation bio-anthropologique : vu biologiquement l'être humain est un primate de nature animale, vu psychiquement et culturellement, il est détaché, séparé du monde vivant, et c'est cette dernière vision, devenue unilatérale, qui s'est imposée jusqu'à aujourd'hui dans la connaissance occidentale.

Bien que son génie ne m'ait pas marqué comme celui de Bohr, Einstein nous a révélé de son côté que le temps et l'espace, qui sont pour nous des entités séparés, sont à un certain degré cosmique d'observation, deux entités inséparables. Et je suis sans cesse fasciné par le grand paradoxe de l'inséparabilité dans la séparation et de la séparabilité dans l'inséparation. Ce sont pour moi les limites auxquelles arrive l'esprit humain et derrière lesquelles se cache l'inconcevable Réalité de la réalité.

Les limitations internes des formalismes

Je me suis initié aux débats propres à la logique mathématique, aux débats sur les fondements des mathématiques, aux paradoxes logiques dégagés par Russell, à Tarski, à Gödel, et j'ai été profondément marqué par la thèse de Jean Ladrière : *Les limitations internes des formalismes*[1]. Je cite ici la juste appréciation de Jean-François Malherbe sur cet ouvrage magistral : « Ce que Ladrière montre, c'est qu'aucun langage ou système ne peut se *justifier* par ses seules ressources propres, mais seulement en faisant appel à un langage d'un autre niveau ou d'un autre type ». C'est donc le thème des *limites* de la rationalité, proche de l'inspiration centrale de Kant ou de Wittgenstein, qui est au centre de ce travail ; mais ce sens des limites est réfléchi par Ladrière comme une exigence interne d'*ouverture* d'un champ de sens à d'autres dimensions du sens. Ladrière a été décisif pour me faire comprendre le sens du théorème de Gödel, qui va bien au delà des mathématiques. »

Je réalise dès lors l'importance cruciale de l'indécidabilité logique, qui pose une limite aux possibilités de

1. Jean Ladrière : *Les limitations internes des formalismes. Étude sur la signification du théorème de Gödel et des théorèmes apparentés dans la théorie des fondements des mathématiques*, éd. Nauwelaerts-Gauthier-Villars, Leuven-Paris, 1957 ; rééd. J. Gabay, coll. « Les grands classiques », Paris 1992.

démonstration à l'intérieur d'une théorie. Le théorème d'indécidabilité de 1931 démontre que tout système formalisé, assez puissant pour contenir l'arithmétique, comporte nécessairement des énoncés indécidables (ni démontrables, ni réfutables). Gödel établit en outre que la non-contradiction du système constitue une proposition non démontrable dans le système. Ces résultats déterminent l'effondrement du mythe de la logique souveraine et autosuffisante, ils ouvrent une brèche au cœur même de l'idéal de la formalisation : l'idéal, que l'on tenait pour « rationnel », d'une théorie absolument démontrable est, du point de vue logique lui-même, impossible. Cela me montre la nécessité d'une redéfinition de la rationalité au-delà de la logique déductive identitaire.

Le théorème de Gödel comporte le corollaire selon lequel la démonstration de consistance du système peut se faire en construisant un méta-système comportant des procédés de démonstration qui sont extérieurs au système de départ. Mais dans un méta-système on trouvera des énoncés qui sont indécidables, et il y aurait besoin d'un méta-méta-système, où se reposeraient à un autre niveau les mêmes problèmes, et ainsi à l'infini. Cela rejoint un résultat de Tarski, qui démontre l'inconsistance des langages sémantiquement clos (langages où toutes les propositions qui déterminent l'usage adéquat des termes peuvent être formulées dans ces mêmes langages) ; en outre, le concept de vérité relatif à un langage n'est pas représentable dans ce langage. Or Tarski démontre que tous les énoncés indécidables d'un langage peuvent être rendus décidables, à condition de les placer dans un métalangage plus riche. Bien entendu, le métalangage en question contient des énoncés indécidables, et requiert un méta-métalangage pour rendre décidables ces nouveaux énoncés indécidables, et ainsi à l'infini.

Ces résultats me parurent essentiels, car ils m'indiquaient que tout système conceptuel inclut nécessairement des questions auxquelles on ne peut répondre à l'intérieur de ce système. Il faut recourir à des méta-points de vue extérieurs au système. Cela me confirmait dans l'idée qu'aucune théorie ne peut se clore sur elle-même, qu'aucun édifice théorique ne pourra jamais embrasser le réel et que, dès lors, la connaissance humaine ne peut être qu'ouverte, inachevée. Ces théorèmes, qui étaient de limitation, n'étaient nullement d'interdiction, comme l'indiquait Ladrière. Ils signifiaient que la connaissance, étant toujours inachevée, est toujours aussi en mouvement, peut toujours se poursuivre. En même temps, ils me suggéraient l'idée que toute découverte d'une limite de la connaissance est en même temps un progrès dans la connaissance. Ce qu'il me fallait désormais concevoir était une logique souple ou faible au sein d'une conception méta-logique (rationalité ouverte) et supra-logique (paradigme de complexité).

Je pouvais désormais établir, sur des bases logiques, ce qui spontanément m'avait toujours paru pertinent et profond : que toute introduction de la contradiction et de l'incertitude est susceptible de se transformer en gain de complexité. Je confirmais que toute logique qui exclut l'ambiguïté, expulse la contradiction, chasse l'incertitude et l'indécidabilité est pauvre et insuffisante. Du reste, si le fait de disposer d'une logique commune à tous les hommes est un préalable indispensable pour la connaissance, c'est aussi grâce à l'incomplétude logique, commune à toutes nos théories, que notre pensée peut communiquer avec l'univers. Une théorie qui se pense comme complète et suffisante ne communique qu'avec elle-même, c'est-à-dire avec rien.

Cela me permit de conforter mon sentiment sur la dialectique hégélienne, dans laquelle je n'avais jamais pu voir, comme certains, un système clos totalisateur et totalitaire. Elle n'était pas une nouvelle logique, mais une pensée philosophique puissante, s'opposant à la simplification logique close, et reconnaissant les contradictions (je m'explique plus longuement sur ce point dans la partie consacrée à Hegel).

Une logique des contradictions ?

Dès mes années *d'Arguments*, j'avais découvert les thèses de Stéphane Lupasco sur le principe logique d'antagonisme et l'idée d'une « logique dynamique du contradictoire ». Les choses en général, et non plus les seuls énoncés de la logique, pouvaient être liées entre elles par une relation de contradiction : « Tout élément ou événement ou système impliqu[e] un élément ou événement ou système antagoniste et contradictoire. » Toute actualisation, en effet, d'un terme (événement, élément, énoncé) impliquait la potentialisation du terme contraire. Cette idée me parut profonde et féconde, et elle me servit à confirmer ma conception complexe/hégélienne de la dialectique. Mais je n'ai pas adopté pour autant l'idée d'une « logique » de la contradiction. Je constatais que la conception de Lupasco et celle de Basarab Nicolescu (à qui je dois par ailleurs l'idée de « niveaux de réalité ») n'était pas une nouvelle logique, mais un mode de penser la complémentarité des antagonismes. Et je voyais plutôt se confirmer l'insuffisance de la logique classique dans les problèmes de fond de la connaissance.

De toutes ces lectures et réflexions sur la logique, j'ai tiré l'idée nous n'avons pas besoin d'une nouvelle logique, pas plus que d'une métalogique, lesquelles risqueraient toujours d'enfermer et stériliser nos esprits. Je conclus ainsi ce point dans *Les Idées* (*La Méthode, IV*) : « J'exprimerais mon sentiment en disant que la pensée complexe intègre et utilise, tout en les dépassant et en les transgressant, les principes de la logique. Il n'y a pas de méta-logique, sinon la pensée elle-même. » J'avais écrit dans *Le Vif du sujet :* « La dialectique est un art, non une logique. C'est l'efficacité de la pensée qui assume les systèmes de pensée contraires, non par amalgame éclectique ou confusionnel, mais par tensions polarisantes. » Je n'ai en fait jamais changé d'avis depuis, sauf que je nomme désormais dialogique ce que je nommais alors « dialectique ».

Popper, Holton, Kuhn, Lakatos

J'ai puisé des idées très précieuses chez les épistémologues Popper, Holton, Kuhn, Lakatos. À commencer par l'idée qu'il y a un noyau non scientifique dans toute théorie scientifique. Autrement dit, c'est un paradoxe étonnant, la science se développe, non seulement malgré ce qu'elle comporte de non scientifique, mais aussi grâce à ce qu'il y a en elle de non scientifique.

Popper a souligné les « présupposés métaphysiques » sur lesquels reposent les théories scientifiques et Gerald Holton a mis en relief les *themata*, thèmes obsessionnels qui animent l'esprit des grands scientifiques ; ainsi l'idée de déterminisme universel qui, en même temps que postulat métaphysique, est un thème obsessionnel qui a pu posséder l'esprit de scientifiques comme Laplace. Lakatos a souligné l'importance de ce qu'il a appelé les « programmes de recherche » où il voyait un « noyau dur » indémontrable. Ces programmes de recherche ouvrent des domaines d'investigation mais en même temps en occultent d'autres. Thomas Kuhn, de son côté, a montré dans *La structure des révolutions scientifiques,* que les théories scientifiques sont organisées à partir de principes, les « paradigmes », qui ne relèvent absolument pas de l'expérience, ne sont donc pas testables, et sont des visions du monde comportant ouvertures, mais aussi fermetures et cécités.

Cette notion de paradigme revient à montrer que quelques principes fondamentaux commandent et contrôlent le discours scientifique, associant, dissociant, opposant les notions à l'œuvre dans le travail théorique. Kuhn montre ainsi qu'il se produit des transformations souterraines dans l'évolution scientifique. Un paradigme s'effondre pour laisser place à un nouveau, entraînant des conséquences considérables dans la vision du monde et de la place de l'humanité au sein de l'univers (ainsi quand le paradigme ptoléméen fut remplacé par le paradigme galiléen).

Je reprendrai cette idée de principe contrôlant les visions du monde, car *La Méthode* est comme un essai en vue de changer le paradigme dominant qui entrave, aujourd'hui, nos possibilités de répondre au défi de la complexité. Il s'agit en effet de dépasser le paradigme de la science et de logique classiques, non en le rejetant mais en l'intégrant dans un paradigme de complexité. Nous devons encourager et intensifier la révolution et la réforme de pensée qui nous fera dépasser le paradigme dominant, lequel nous contraint sourdement, dans tous les domaines de la connaissance, de l'action et de l'éthique, à la disjonction, à la simplification, à la réduction. Et dès les premières pages, j'indique que « notre pensée doit investir l'impensé qui la commande et la contrôle », ajoutant : « Notre pensée doit revenir à sa source en une boucle interrogative et critique. Sinon, la culture morte continuera à sécréter des pensées pétrifiantes. » Autant en effet un paradigme peut stimuler l'effort de connaissance, en organisant les problèmes que se pose l'intelligence humaine, autant son effet tyrannique et son rôle de contrôle finissent par étouffer les potentialités de notre intelligence. C'est pourquoi je conclus : « Le problème crucial est celui du principe organisateur de la connaissance, et ce qui est vital aujourd'hui, ce n'est pas seulement d'apprendre, pas seulement de réapprendre, mais de *réorganiser notre système mental pour réapprendre à apprendre*. »

Un autre enseignement que m'ont apporté ces épistémologues, c'est de m'aider à comprendre que les théories scientifiques sont toujours limitées et provisoires et, de plus, reposent sur des fondements d'incertitude. J'ai été frappé par les arguments de Popper, qui montre que l'induction ne peut produire à elle seule des énoncés scientifiques, ainsi que par sa profonde idée que les théories scientifiques ne sont pas vérifiables, mais seulement falsifiables. Une théorie est scientifique lorsqu'elle assume que sa fausseté puisse être démontrée. D'où sa différence avec les dogmes théologiques et mythologiques d'une part, les dogmes issus de la rationalisation d'autre part, qui se présentent toujours comme indubitablement vrais. En fait, les théories scientifiques sont provisoires et donc mortelles, et elles sont mortelles parce que scientifiques, alors que les doctrines théologiques et rationalisatrices se présentent et se vivent comme immortelles. Cette idée m'a permis de concevoir le caractère de biodégradabilité de toutes les théories humaines et, plus généralement, Popper m'a permis de mieux comprendre que la connaissance progresse plus par éliminations d'erreurs que par accroissement des vérités.

Husserl

Husserl a mis en évidence l'impensé majeur de la science occidentale. J'ai lu et souvent cité sa célèbre conférence de 1935, *La crise de l'humanité européenne et la philosophie*, où il montre la présence d'une tache aveugle dans l'objectivité scientifique : c'est l'absence de la conscience de soi. Une disjonction a été introduite entre la subjectivité humaine, réservée à la philosophie ou à la poésie, et l'objectivité du savoir qui est le propre de la science. La connaissance scientifique a développé les modes les plus raffinés pour connaître tous les objets possibles. Elle a montré une prodigieuse aptitude, et la montre de plus en plus, à détecter, dans l'univers microscopique et dans le grand univers astronomique, des choses que nul esprit, nulle philosophie n'aurait pu imaginer. Mais elle est devenue incapable de considérer le scientifique lui-même, c'est-à-dire le sujet, l'homme, la personne qui fait la science. Elle s'est faite ainsi aveugle à la marche de la science elle-même : la science ne peut se connaître, elle ne peut se penser avec les méthodes dont elle dispose. La philosophie a donc besoin de la science, productrice d'extraordinaires avances de la connaissance, mais la science a besoin de la philosophie pour se comprendre elle-même, elle a besoin d'une connaissance qui sache observer l'observateur et ne pas perdre son enracinement dans la vie, dans l'humanité, dans les problèmes fondamentaux et existentiels.

Plus que tout peut-être, j'ai trouvé chez mes philosophes des sciences le sens de la complexité, ce qui signifie d'abord qu'ils refusaient la séparation science/philosophie et qu'ils portaient attention au mystérieux sujet humain tout autant qu'à la mystérieuse réalité. Ils développaient le sens du doute autant que le sens de la connaissance et fécondaient l'un par l'autre. Ma *Méthode* leur doit beaucoup.

Le surréalisme

J'ai découvert le surréalisme peu après la Libération grâce à mon ami Dionys Mascolo qui m'en a fait comprendre l'importance philosophique et la valeur morale (il m'a fait également connaître personnellement Georges Bataille). Je me suis plongé dans les numéros anciens de la *Révolution surréaliste*. Je réactivais les aspirations à la poétique de vie que j'avais trouvées chez Rimbaud. J'ai connu et aimé André Breton. J'en ai subi le rayonnement. J'ai connu et aimé Benjamin Péret, immensément candide et révolutionnaire de cœur. J'ai aussi connu et aimé Mario Pedrosa, poète surréaliste brésilien étroitement lié à Péret. Je fréquentais aussi Pierre Naville, qui avait été exclu du surréalisme dont il avait été l'un des fondateurs, et avait continué son destin d'exclu en se faisant rejeter du trotskisme, en 1939. J'ai raconté dans *Autocritique* combien j'ai admiré son indépendance d'esprit. Ce qui me frappait chez Breton, Péret, Pedrosa, Naville, c'est qu'ils étaient totalement en dehors de la foire aux vanités, du monde médiatique, de toute compromission avec quelque pouvoir que ce fût.

Le terme de « surréalisme » s'est aujourd'hui dévitalisé, dépoétisé, trivialisé. On dit « c'est surréaliste » pour caractériser tout assemblage insolite ou inattendu. Or le surréalisme fut l'un des événements culturels et je dirais même philosophiques les plus riches du XXe siècle. Ce fut un mouvement où la poésie, la pensée, l'action, la vie se sont entre-fécondées. Breton a voulu associer la formule politique « changer le monde » à la formule poétique « changer la vie ».

Le surréalisme, c'est une forme de révolte par/pour la poésie. Il y a eu deux révoltes historiques de ce type. La première correspond au romantisme, notamment en sa source allemande. C'est une révolte contre le monde prosaïque et utilitaire, le monde bourgeois qui se développe avec les débuts de la civilisation industrielle. La seconde révolte, c'est le surréalisme. Il est né d'une révolte non seulement contre le monde prosaïsé, mais aussi contre les horreurs de la Première Guerre mondiale et cette révolte est devenue à la fois révolutionnante (en littérature) et révolutionnaire (en politique).

Le surréalisme refuse d'enfermer la poésie dans le poème, d'en faire une pure et simple expression littéraire. On doit certes à Breton, à Péret, à Éluard, à Aragon des poèmes admirables, mais l'idée féconde et profonde du surréalisme est de faire de la poésie une source et une forme de vie (idée que l'on trouve virtuelle ou en germe chez Rimbaud et Lautréamont). La vie s'exalte dans l'émerveillement et le surréalisme a exalté le merveilleux du quotidien. La poésie de la vie s'épanouit dans l'amour et le surréalisme a célébré et magnifié l'amour. La vie est faite de rêves et l'on sait l'importance immense du rêve pour les surréalistes. La vie est faite de hasards, la poésie surréaliste donnera ainsi, par les collages, les associations de mots inattendues, le « cadavre exquis », une place fondamentale au hasard.

Le surréalisme signifie non seulement qu'il faut reconnaître la part de poésie que comporte le réel, mais aussi que la poésie est plus que luxe littéraire, elle est vérité à vivre. Il souligne la qualité poétique de la vie et donne à vivre la poésie. Il entre en résonance avec les mots d'Hölderlin : « Poétiquement, l'homme habite la Terre. » Pour ma part, je pense que la vérité est double et qu'il faut dire que l'homme habite à la fois poétiquement et prosaïquement la Terre. S'il n'y avait pas de prose, il n'y aurait pas de poésie, la poésie ne pouvant apparaître que sur le fond d'une prosaïté et le monde ne nous apparaissant prosaïque que sur le fond d'une qualité poétique de la vie. Dans notre quotidien, nous voyons la poésie sertie dans la prose, comme des paillettes de diamant dans la boue. Mais la boue est, à sa manière, elle aussi sertie dans le diamant.

Poésie et prose m'apparaissent comme les deux polarités primaires de la vie. Du côté de la prose, il y a le travail, l'utilitarisme, les tâches urgentes, les tâches ennuyeuses de chaque jour, les relations de rivalité, l'indifférence. Du côté de la poésie il y a l'émerveillement, l'extase, les états seconds provoqués par la musique, la danse, la jouissance et, bien entendu, par l'amour. Cela rejoint une vérité plus générale qui m'est essentielle : je crois profondément que la notion même de réalité est tissée d'imaginaire, et que sans imaginaire pour lui donner substance, il n'y aurait pas de réalité. J'ai toujours eu ce sentiment invincible, mais c'est sans doute dans mes études sur le cinéma (*Le Cinéma ou l'homme imaginaire,* 1956), que je l'ai trouvé concrétisé pour la première fois. Dans les salles obscures, les jeux d'ombres et de lumières des écrans nous procurent un sentiment intense de réalité, et nous projetons, sur les scènes et les personnages virtuels du cinéma, notre monde intérieur de rêves, d'angoisses et de désirs, leur donnant une épaisseur extraordinaire de réalité. C'est une expérience anthropologique, en même temps que poétique, d'une grande profondeur, et c'est en partie là mon approche surréaliste de la réalité : la réalité a besoin d'une composante affective, mythique, imaginaire, hallucinatoire, poétique, pour se manifester à nous comme réalité. Je remarque d'ailleurs que les surréalistes, qui furent les premiers à admirer Charlie Chaplin, ont été les premiers aussi à dignifier le cinéma, lui donnant une importance égale à celle de la littérature.

Breton avait un sens aigu du surréel : un monde profond et supérieur accessible par le rêve, l'extase amoureuse, la poésie. Il confirme par là et prolonge l'exploration romantique des terres intérieures de l'âme humaine. Cette idée de surréel me paraît essentielle. Je crois profondément en une autre réalité, mystérieuse, que nous portons au plus profond de nous-mêmes. Elle est en nous. Nous sommes en elle. Le surréel dépasse le réel tout en le contenant. Voilà pourquoi le surréalisme me paraît contenir une vérité à la fois indéniable et précieuse.

Mais cette aventure surréaliste elle-même, qui voulait « changer le monde » tout en changeant la vie, a conduit à bien des errements. Les poètes qui ont subordonné la poésie à un parti (le parti communiste), se sont dégradés. Nous découvrons là une vérité générale. Le poète n'a pas à s'enfermer dans un domaine confiné, dans le domaine des jeux de mots, des jeux de symboles, pas plus qu'il ne doit s'enfermer dans les mots et les symboles d'un parti. Le poète ne peut être partial ni étroitement partisan, il a une compétence totale, multidimensionnelle, qui concerne l'humanité et la politique, mais ne doit pas se laisser asservir par l'organisation politique. Le message politique du poète est de dépasser la politique.

Georges Bataille n'appartenait pas au groupe surréaliste, mais il en fut proche, et je le considère comme un penseur essentiel, beaucoup plus important que Sartre, quoique à demi méconnu. J'ai intégré au cœur de mon anthropologie l'idée de consumation tirée de *La Part maudite* (ainsi que les théories sur la fête et le jeu de Roger Caillois dans *L'homme et le sacré* et *Les jeux et les hommes*). Cette idée me révélait que la consumation était plus essentielle à l'homme que la consommation. Elle éclaire sur les parts de dépense, de gaspillage, de folie, qui nous font brûler notre vie en un grand feu intérieur et la régénèrent par là même. Dans les fêtes (archaïques, paysannes, seigneuriales, royales, nationales, privées), avec les prodigalités, les dilapidations, les potlatchs, les orgies, les ivresses qui font perdre la tête, mais aussi dans les jeux à tout ou rien, à la roulette russe, dans les extases de Thérèse d'Avila, nous trouvons un très haut degré de combustion intérieure, qui est destructeur/créateur. Nous consumons nos énergies, nous brûlons nos vies, et nous risquons la mort, mais par là même nous vivons intensément et nous régénérons en nous la force de vie. Nous atteignons une température d'autodestruction, laquelle est également une température de régénération.

Ivan Illich

On n'a toujours pas pris conscience de l'ampleur du message qu'Ivan Illich nous a adressé dès le début des années 70, sans doute parce que ce message concernait les bases mêmes de notre civilisation. Il a été formulé au moment même où surgissait, venu de Californie, la conscience écologique, qui est l'autre message important de ces années. L'un et l'autre sont d'ailleurs complémentaires. On peut dire que le message écologique, après beaucoup de retards et d'avatars, s'est aujourd'hui assez bien répandu dans la conscience politique. C'est que les dégradations du monde extérieur deviennent de plus en plus manifestes, alors que les dégradations psychiques, qu'Ivan Illich diagnostiquait, semblent encore relever de la vie privée et demeurent invisibles à la conscience politique. Le mal-être psychique relève encore des médecines, somnifères, antidépresseurs, psychothérapies, psychanalyses, gourous, mais n'est toujours pas perçu comme un effet de civilisation.

Le message d'Ivan Illich est donc resté confiné. Il diagnostiquait le mal-être psychique accompagnant les progrès du bien-être matériel, qui finalement produit autant de maux que de bienfaits, il insistait sur la dégradation intérieure de nos existences sous les effets de l'hyperspécialisation, de la mécanisation, de la marchandisation généralisée. La médecine hyperspécialisée soigne davantage des organes que des personnes, l'école centralisée, bureaucratisée, rigidifiée, fragmente la connaissance et conduit à plus d'aveuglement que d'élucidation, etc. Malheureusement, « expertocrates », technocrates et politiques demeurent toujours aveugles à ces analyses.

Ivan Illich prônait une réforme de la civilisation pour améliorer les rapports humains et faire advenir une civilisation de la « convivialité ». Et je regrette que cette idée de réforme de la civilisation, fondée en particulier sur le développement de la convivialité, ne soit pas encore assez présente aujourd'hui, bien qu'il soit assez évident que la prise de conscience a commencé. Des germes d'une réforme de vie, d'une autre civilisation sont présents un peu partout, mais ils demeurent insuffisants et dispersés.

Notre civilisation qui annonçait le bien-être matériel a suscité du mal-être spirituel et n'a pas supprimé d'immenses poches de détresse matérielle. Elle nous a fait identifier bien-être qualitatif et avoir quantitatif. Experts et gouvernants croient encore que le bien-être et les maux de la société disparaîtront avec le développement économique et la croissance. Mais il nous faut repenser le développement et l'idée même de développement. Tel que nous le concevons aujourd'hui, purement indexé sur l'accroissement quantitatif des biens, il crée plus de problèmes qu'il n'en résout, il est à terme insoutenable, y compris comme « développement soutenable ». Il faut donc sortir du règne exclusif du quantitatif, qui ne sait voir que la croissance du PIB, le nombre des chômeurs, et non la détresse des chômeurs. Il faut remplacer le quantitatif « plus, plus ! » par le qualitatif « moins, mais mieux ».

Nous risquons d'assister à la revanche d'Ivan Illich, dont le message n'a pas été compris. Nos sociétés planétaires connaissent détresses et angoisses de l'avenir, crises à répétition (sanitaires, économiques, écologiques, technologiques, financières, alimentaires). Le chagrin, l'abandon, la solitude cherchent consolation dans l'achat et la consommation. Nous avons créé d'innombrables intoxications de civilisation, dont je fais état dans *La Voie* (2011). Le résultat est l'aggravation des solitudes. Voilà pourquoi il nous faut réveiller l'idée illichienne d'une société de convivialité, qui sera aussi une société de solidarité, où chacun pourra mobiliser les ferments éthiques générateurs qu'il porte en lui.

Du reste, cette confiance profonde dans les capacités d'humanité et de solidarité de chaque individu était l'idée d'Ivan Illich. À la différence d'Illich toutefois, je pense qu'il faut non pas supprimer les institutions, comme l'école, la santé, mais les transformer. Cela réclame une réforme profonde de civilisation. Il faut débureaucratiser, relier les institutions, briser la fausse rationalité technique et gestionnaire qui occulte, dans tous les aspects de la vie humaine, ce qui ne peut être calculé et manipulé, la souffrance, le bonheur, la joie, l'amour.

L'instauration de nouvelles solidarités est un côté essentiel d'une politique de civilisation. Elle réclame un objectif qu'on ne trouve pour l'instant dans aucun programme politique, pas même écologique, c'est la nécessité de changer nos vies, non seulement dans le sens de la sobriété (objectif que les mouvements écologiques ont adopté), mais surtout dans le sens de la qualité et de la poésie de la vie. La poésie de la vie est d'ailleurs aussi un aspect de l'éthique. Nos forces éthiques luttent contre la cruauté du monde, mais elles visent dans le même temps à l'accomplissement de l'être humain dans la qualité de vie, c'est-à-dire la convivialité et la poésie. Solidarité, convivialité, poésie de la vie sont interdépendantes et ne peuvent se réaliser que l'une par l'autre.

Nous devons entreprendre une réforme de vie qui nous conduirait à restaurer la convivialité pensée par Illich, qui est pour moi cette aptitude à la sympathie et au dialogue avec les partenaires de nos vies quotidiennes, à commencer par nos voisins, comme avec les inconnus de rencontre. Nous pouvons le faire par des voies que j'ai indiquées dans *La Voie*. Et cela permettrait à chacun de trouver sa place, en faisant valoir ses compétences, sa sensibilité, son génie propre. J'ai souvent fait état (en particulier dans *Une politique de civilisation* et dans *La Voie*) des emplois qui pourraient se créer pour instiller plus de convivialité et de solidarité dans la société : aide aux personnes démunies matériellement, mais aussi moralement et psychiquement, à la petite enfance, aux mères, aux isolés, aux vieillards oubliés dans leurs mouroirs, métiers d'humanisation et d'assistance diverse dans le domaine du conseil administratif, juridique, technologique, financier, éducatif…

Un aspect important me paraît être l'instauration d'une véritable démocratie cognitive, permettant à tous l'accès à la connaissance, et qui pourrait, à l'image des « réseaux éducatifs » d'Ivan Illich, mobiliser ceux qui savent en faveur de ceux qui ne savent pas. L'idée d'Illich était d'instituer ces réseaux autour d'un bureau de coordination fournissant des enseignants adaptés à la demande de chaque élève. Il s'agissait de briser le carcan disciplinaire, mais aussi l'institution rigide et inégalitaire qu'était l'école. Nous pouvons nous en inspirer pour penser une réforme éducative. Mais les initiatives locales et individuelles doivent être accompagnées d'initiatives globales et d'actes politiques, favorisant la diffusion des savoirs au-delà des écoles et des universités et, surtout, procédant à une réforme de pensée pour relier et articuler les disciplines. De toute façon, la question de l'éducateur est essentielle. Il faut des éducateurs qui enseignent le métier de vivre, comme disait Rousseau.

Je crois qu'il faut réactualiser, amplifier, généraliser le message d'Ivan Illich et l'entendre comme l'appel à une métamorphose. En ce sens, toutes les réformes dont nous avons besoin, réforme de vie, réforme éthique, réforme de pensée, réforme de l'éducation, réforme de civilisation, réforme politique, s'appellent les unes les autres. Leurs développements particuliers leur permettraient de s'entre-dynamiser.

Beethoven

Beethoven fait partie de mes philosophes. Je crois qu'il peut y avoir une grande pensée dans des œuvres romanesques, des œuvres musicales, et dans le cas de Beethoven je suis face à une pensée sublime, formidable, pour laquelle je ne trouve pas d'équivalent. J'ai raconté dans *Mes Démons* comment, encore adolescent, j'ai découvert Beethoven. Cela commença par le premier mouvement de la *Symphonie pastorale* qui jaillit d'un poste de radio et me mit tout de suite dans le ravissement. J'éprouvai le même ravissement avec le premier mouvement du *Concerto pour violon*, puis dans tous les premiers mouvements des symphonies de Beethoven. Un jour, j'allai écouter la *Neuvième symphonie* que donnait l'orchestre Lamoureux sous la direction de Georges Bigot, salle Gaveau. J'étais placé aux galeries, debout, serré aux populaires. Voici ce que j'ai écrit dans *Mes Démons*, je le livre tel quel :

« Il y eut d'abord l'infime frémissement émanant d'un vide primordial, puis soudain un double appel de deux notes suivi de deux notes de réponse suspensive, encore une fois l'appel et la sourde réponse, puis l'appel revenant, s'enchaînant, devenant insistant, fébrile, insupportable, s'élançant dans un mouvement irrésistible jusqu'à une déchirure incroyable, l'éclatement en *big bang* avec un martèlement gigantesque, une formidable création du monde. C'était la genèse, la naissance du cosmos dans le chaos, avec tout ce que cela comporte d'énergie colossale, et qui lance ensuite l'aventure de la vie avec alternance de tendresse, violence, douceur, folie, recommencement. Pour la première et seule fois de ma vie, mes cheveux se hérissèrent sur ma tête. Dès les premières mesures je m'étais reconnu dans l'appel, et la réponse suspensive m'indiquait que l'appel avait été entendu. Puis le crescendo démesuré m'envahit alors totalement et, faisant surgir, hors du néant le terrifiant enfantement du monde, il faisait jaillir mon être hors des eaux stagnantes, le dotant d'un formidable vouloir, comme une réitération ardente et désormais assumée de ma naissance ; je sentis alors me traverser un élan inouï, qui me donnait courage, confiance résolution, pour l'aventure du vivre. »

Le foudroiement que j'ai senti, m'a donné le sentiment des forces primordiales, formidables du cosmos qui s'autocréait à partir du néant. Moi qui dans mon adolescence vivais de terribles désespoirs, je connaissais l'extase d'une vérité qui me disait : « Vis, affronte le monde, courage ! » Ce fut un réconfort qui s'épancha dans un torrent de larmes. Il n'a jamais cessé, car ce début du premier mouvement de la *Neuvième* me redonne toujours courage, confiance, espoir.

Ce sentiment d'extase qui annonce l'espoir et la régénération, au milieu du plus profond des malheurs, je l'ai connu une autre fois, en juillet 1945, porte de Brandebourg, dans les ruines de Berlin. J'ai raconté cet épisode dans les premières pages de *Penser l'Europe*. Je parcourais dans la stupeur les ruines de la gigantesque capitale, aux abords du bunker d'Hitler, au pied de la chancellerie du Reich où le Walhalla s'était écroulé. En ce lieu se déroulèrent les derniers combats, avec les ultimes défenseurs du führer, gamins, vieillards, et surtout légionnaires français, hollandais, norvégiens de la SS. Ici aussi, je reproduis ce passage :

« Un extraordinaire silence régnait sur la ville. Soudain, un chant sublime de violon, pur et déchirant, immense, à peine frangé d'un frêle accompagnement de piano, jaillit de nulle part et de tout près. Je fus rempli d'un bonheur et d'une tristesse inouïs. J'avais reconnu la sonate *Au printemps* de Beethoven. Le miracle venait d'un haut-parleur, installé, je ne sais pourquoi, par les Russes, au-dessus de la porte de Brandebourg. Par-delà les guerres et les massacres, ce violon qui chantait pour la pierre, pour les ruines, pour la mort, me semblait annoncer l'avènement lointain d'un âge de tendresse. »

Beethoven m'émerveille dans sa façon de prendre la souffrance et la détresse à bras-le-corps, d'une étreinte puissante, pour aller chercher la joie. Schubert, par exemple, est différent sur ce point. Il exprime sa souffrance avec une humilité, une candeur et une douceur infinies ; ainsi dans *La jeune fille et la mort* ou le second mouvement du *Quintette à cordes*, il atteint une sublimité où l'expression du malheur nous livre le bonheur de sa musique, mais sans atténuer ce malheur. Beethoven a d'ailleurs écrit ces mots extraordinaires : « Nous, êtres limités à l'esprit infini, sommes uniquement nés pour la joie et pour la souffrance. Et on pourrait presque dire que les plus éminents s'emparent de la joie par la souffrance (*Durch Leiden, Freude*). » J'en ai fait très tôt ma maxime intime, elle m'a aidé à surmonter chagrins et désespoirs, et toujours elle m'a redonné confiance en moi-même et confiance en l'avenir. J'ajoute qu'il y a là un profond enseignement esthétique, qui d'ailleurs est contenu tout entier dans les merveilleux premiers mouvements beethoviens. Le monde est en même temps merveilleux et horrible. L'émerveillement naît de l'horrible et, en retour, nous en soulage et nous permet de regarder l'horreur en face.

Je trouve enfin chez Beethoven une source vigoureuse de l'éthique. Outre qu'il a dit : « Je ne m'incline que devant la bonté », phrase formidable, on trouve ces mots sur le livret du dernier mouvement de son dernier quatuor : « *Muss es sein ? Es muss sein !* » Est-ce que cela peut/doit être ? Cela peut/doit être ! Ils expriment la contradiction et l'incertitude éthique face au monde, au réel, au mal. « *Muss es sein ?* » : c'est la révolte contre le monde, contre le mal, contre le destin. « *Es muss sein !* », c'est la nécessaire acceptation du monde, du mal, du destin, au moins pour résister à la cruauté du monde, lutter contre le mal, amender le destin.

Ces deux formules contradictoires, se révèlent aussi complémentaires. Elles expriment de la façon la plus dense l'antagonisme et la complémentarité entre accepter et refuser le monde. Et elles nous permettent de retrouver l'incertitude, la contradiction, la nécessité du pari et de la stratégie au cœur de l'éthique et au cœur de toute action : comment assumer cette contradiction ? Jusqu'à quel point l'accepter ? Jusqu'à quel point la refuser ?

Pour moi, cette double formule résume tout le sens que je donne à l'éthique. « *Es muss sein !* » permet de prendre conscience de la cruauté du monde et de la barbarie humaine. « *Muss es sein ?* », c'est la révolte, c'est la résistance à ce qu'il y a de destructeur et d'impitoyable dans la nature et dans l'ignoble cruauté d'*Homo sapiens-demens*, au côté noir d'*Homo demens*, l'esclavage, les bagnes, Auschwitz, le Goulag. Mais cela ne supprime pas, ne dépasse pas « *Es muss sein !* ». L'espoir naît du désespoir, sans supprimer le désespoir, mais en s'y alimentant. Et le désespoir renaît, pour alimenter à nouveau l'espoir. La résistance à la barbarie humaine est ainsi la résistance à la méchanceté triomphante, à l'indifférence, à la fatigue, mais en acceptant, en reconnaissant, en connaissant ce monde de méchanceté et d'indifférence. L'éthique de résistance est une éthique d'acceptation, qui seule permet la résistance.

Conclusion

Je n'ai pas encore parlé de Kant, qui est pourtant un philosophe crucial. Avec lui la connaissance devient son propre objet, devenant connaissance de la connaissance. Il découvre l'important principe selon lequel la connaissance ne peut s'effectuer que dans la projection sur le monde extérieur des aptitudes de l'esprit humain, et par là même comporte ses limites, qui sont celles de l'esprit humain : ainsi l'esprit connaît ce qui lui apparaît (les phénomènes) mais non la réalité inconnaissable des choses en soi. Par ailleurs Kant, avec les quatre antinomies de la raison pure, souligne que l'aporie surgit aux limites de la raison quand elle aborde, par exemple, la question de l'origine de l'univers : il montre que la raison, par ses moyens seuls, ne peut résoudre les questions les plus profondes qu'elle est pourtant inévitablement poussée à se poser, ce qui fait écho à Pascal.

Kant représente pourtant une autre expérience philosophique que celle de Pascal. Celui-ci voyait l'homme comme déchiré et écrasé entre deux infinis et, de plus, déchiré entre raison et folie, raison et foi, doute et pari. Kant fait plutôt l'expérience des limites infranchissables de l'esprit humain. Avec l'expérience faite par Hegel d'une perpétuelle recherche d'une impossible totalité (ce qui est pour moi la vérité trop méconnue de sa philosophie), nous avons là trois expériences philosophiques fondamentales de l'homme, séparées mais indissociables en profondeur. J'ajoute que même un méta-humain connaîtrait ces trois expériences fondamentales de pensée[1]. Du reste, je trouve cette idée précieuse de l'inséparabilité et de l'inévitabilité radicale de ces trois pensées philosophiques chez Edmond Nabousset (déjà cité, p. 107), et j'en fais état dans *L'humanité de l'humanité* (tome V de *La Méthode*).

Le monde des phénomènes est pour Kant le résultat d'une interaction entre un donné brut empirique et notre esprit qui l'organise en y appliquant ses catégories (la causalité, la finalité, la nécessité...) et ses formes *a priori* de la sensibilité que sont l'espace et le temps. Mais les structures de l'esprit qui lui permettent d'organiser les phénomènes, le rendent inapte à aller au-delà ou en-deçà, dans la nature profonde du réel. Le monde en soi est inaccessible à nos facultés cognitives. Dans le tome III de *La Méthode* (*La Connaissance de la connaissance*), j'ai remarqué que ce point de vue était profond, mais incomplet et ne saisissait pas la nature complexe et récursive de notre connaissance du monde. Kant ne voit que l'empreinte organisationnelle de l'esprit humain sur les phénomènes, sans concevoir la possibilité d'une boucle récursive/générative entre l'organisation de l'esprit et l'organisation du monde connaissable, laquelle boucle s'est en fait développée au cours de l'évolution biologique où s'est formé et développé le cerveau. Ainsi nous savons déjà que le monde extérieur s'inscrit dans l'organisation même des êtres vivants, animaux et végétaux, comme on le voit pour l'alternance du jour et de la nuit (inscrite dans notre cycle

1. Dans un article d'*Arguments*, j'envisageais que l'espèce *homo sapiens* pût un jour être dépassée par un être complexe bio-techno-intellectuel, un post-humain héritier de l'humain, qui à son tour évoluerait ; dans *Introduction à une politique de l'homme*, je reprenais cette idée, évoquant la possibilité d'un « métanthrope ».

intérieur de veille et de sommeil), de même l'alternance des saisons s'inscrit dans les cycles végétaux de dépérissement et de renaissance, ainsi que dans les cycles animaux de reproduction. En fait, notre appareil cognitif s'est développé en organisant à sa manière le monde en lui. Notre esprit qui est dans le monde, a intégré le monde en lui. Le monde est dans l'esprit qui est dans le monde. J'expliquai ainsi que *l'*a priori *kantien est également un* a posteriori *évolutif.* L'ordre et l'organisation, qui sont écologiques, biophysiques et cosmiques, ont été intégrés en puissances psycho-cérébrales organisatrices de la connaissance, et ces dernières, projetées sur l'univers cosmo-éco-bio-physique, élucident toujours plus ses niveaux d'ordre et d'organisation. Ce qui permet de dire que, plus profondément nous élucidons notre esprit, plus profondément nous élucidons notre monde et que, réciproquement, plus profondément nous élucidons notre monde, plus profondément nous élucidons notre esprit.

Kant s'est trompé en outre en supposant que nous ne pouvions rien connaître qui ne se soumette aux catégories de notre entendement et aux formes de l'espace et du temps. Nous connaissons désormais un monde microphysique où l'objet n'est plus exactement localisable dans l'espace et le temps et n'a plus d'identité fixe, soit de corpuscule, soit d'onde. Mais le point de vue kantien reste profond, en ce qu'il suppose une réalité sous-jacente à notre réalité phénoménale, non soumise au temps et à l'espace. D'une certaine façon, la science a pu le confirmer. Des expériences comme celle d'Aspect établissent que deux particules ayant interagi ne peuvent plus être considérées comme deux réalités séparées, alors même qu'elles s'éloigneraient l'une de l'autre à des distances immenses. Cela nous fait déboucher sur l'idée d'une véritable contradiction ontologique entre notre réalité spatio-temporelle, où règnent des séparations, et une réalité profonde, infra-réelle ou surréelle, où règne l'inséparabilité. Il est possible que cette réalité inconnaissable ignore les séparations du temps et de l'espace, et soit inséparable cependant de notre monde du temps et de l'espace, c'est-à-dire de la séparabilité et de la séparation. Ainsi séparabilité et inséparabilité seraient inséparables. Le problème insondable est la relation que nous entretenons à ce réel profond dont nous pouvons approcher par la pensée et qui pourtant excède le pensable, c'est-à-dire excède nos séparations, nos distinctions, notre logique. Sommes-nous reliés à cette réalité indicible ou exilés d'elle ? Y participons-nous sans le savoir ? Par moments ? Par éclairs ?

J'ai de toute façon la conviction que toute séparation renvoie, d'une certaine manière, à une inséparabilité profonde. Il me semble que c'est là la grande vérité du mysticisme, qui nous met en communication avec une réalité profonde mystérieuse, où devant l'extase cessent les séparations. Dans l'amour, d'ailleurs, les êtres distincts que nous sommes deviennent, s'éprouvent comme inséparables. L'amour a une dimension mystique.

Mais cette vérité n'est pas seulement mystique. Ainsi nous pouvons voir que nous sommes biologiquement séparés en tant qu'individus, mais biologiquement aussi nous sommes inséparables de notre espèce ; sociologiquement, nous sommes des êtres en partie autonomes, mais nous sommes par ailleurs inséparables de notre société. C'est la vérité précieuse que Niels Bohr m'a aidé à concevoir.

Nous vivons dans la séparation, mais ignorons ou ne sommes pas conscients la plupart du temps que nous sommes profondément reliés à ce dont nous nous croyons profondément séparés. Ainsi, nous portons à l'intérieur de nous-mêmes le cosmos, le monde physico-chimique, le monde vivant, et en même temps nous en sommes séparés par notre pensée, notre conscience, notre culture. Individus séparés, nous portons aussi en nous, comme le dit Montaigne, la forme entière de l'humaine condition.

Voilà pourquoi, je crois que nous devons apprendre à nous relier à ce dont nous sommes déliés, comme nous devons aussi apprendre à relier nos savoirs et dimensions déliés. Pour ma part, je l'ai dit, j'ai la religion de la reliance, qui est une foi profonde en la non-séparabilité : du réel et du mythe, de la raison et de la folie, du bien et du mal, de la connaissance de l'objet et de la connaissance du sujet, de la connaissance et de l'inconnaissable. Ainsi j'essaie d'assumer ma propre dialogique de *sapiens-demens*, de connaissant-ignorant. Je maintiens toujours vivante en moi la dialogique pascalienne entre les quatre forces du doute et de la foi, de la rationalité et du mysticisme. Aucune n'arrive à dominer les autres et leur conflit est un dialogue où l'une génère et régénère les autres.

Certes mon mysticisme n'est pas tourné vers un être divin, comme celui de Thérèse d'Avila : je connais des « ravissements » et des extases, mais je peux les éprouver devant une fleur, un oiseau, un coucher de soleil, la mer, un visage, dans l'amour, l'amitié, la fraternité. Ces moments d'émerveillement et d'extase sont de véritables états seconds et font partie de ce que j'appelle la qualité poétique de la vie. Les moments mystiques sont des moments de poésie. Ils nous aident à supporter la prose de la vie, inséparable et pourtant opposée à la poésie de la vie, ils nous font aimer la vie malgré ses aspects horribles. Je crois qu'il faut développer cette mystique qui apparaît dans le quotidien : dans un moment de convivialité, dans un visage aimé, dans une promenade dans la nature, qui peut être merveilleuse comme celles de Rousseau à l'île Saint-Pierre.

Je ressens un sentiment mystique devant le profond mystère enveloppant notre condition d'être vivant, bordant notre domaine de connaissance, lequel se situe dans une bande moyenne entre deux doubles infinis (cosmique et microphysique, cosmique et intérieur). J'éprouve le besoin profond de relier notre connaissance au sens du mystère où débouche toute connaissance, de relier mes discours à l'indicible. Et c'est pourquoi je me sens proche d'un mystique comme Jean de la Croix, que je place en complémentarité antagoniste avec Montaigne et qui comporte également un « que sais-je ? ». Au doute de Montaigne, Jean de la Croix apporte le sens de « la nuée ténébreuse qui éclaire », l'idée que le savoir qui s'élève débouche sur le non-savoir :

Plus il monte haut,
Moins il comprenait
Ce qu'est la nuée ténébreuse
Qui éclairait la nuit ;
Aussi celui qui savait
Demeure toujours sans savoir,
Toute science transcendant[1].

Cette expérience profonde de l'inséparabilité que le mysticisme nous permet de vivre, n'exclut pas la tout aussi profonde expérience de la séparation. Ontologiquement nous sommes plongés dans un réel mystérieux et pourtant exilés de lui. Cette idée se retrouve lorsque l'on réfléchit, de nouveau à la manière pascalienne, à notre place dans l'univers. De Galilée à Einstein, de Laplace à Hubble, de Newton à Bohr, nous avons perdu le trône d'assurance qui faisait de notre esprit le centre de l'univers : nous avons réalisé que nous sommes les banlieusards d'un Soleil de banlieue lui-même exilé à la périphérie d'une galaxie périphérique, dans un univers gigantesque et mystérieux. Cette conscience peut nous donner le sentiment pascalien de la perdition de notre vaisseau terrestre dans l'infini. En outre, nous réalisons que nous sommes perdus dans une histoire pleine de bruits et de fureurs, exposés à l'avenir incertain

1. Jean de la Croix, *Poésies complètes*, Traduction Bernard Sesé, Les Cahiers Obsidiane, 1983.

de l'humanité. La planète mondialisée ne produit pas la « société monde » solidaire et fraternelle. Les développements scientifiques, techniques et économiques nous ont jetés dans un état de chaos, un état agonique, où l'humanité n'arrive pas à accoucher d'elle-même. Jamais les forces de mort, de séparation, de désintégration n'ont été plus puissantes.

C'est ici que nous devons savoir penser dialogiquement perdition et espérance. Même le mot « agonie » peut nous éclairer. Il signifie « lutte suprême entre les forces de mort et les forces de vie ». Ainsi paradoxalement, l'agonie qui apporte la mort, peut apporter la vie nouvelle, par une victoire des forces de reliance sur les puissances de désintégration. Aujourd'hui ces dernières sont formidables et leur victoire probable, mais l'histoire nous enseigne que l'improbable peut advenir à la place de l'attendu. Euripide déjà le disait : « Ce qui est probable n'arrive pas toujours ; parfois un dieu malin fait arriver l'imprévu. » Ce qui me permet de finir avec Héraclite : « Sans l'espérance, tu ne trouveras pas l'inespéré. »

Table des matières

Du même auteur

La Méthode

La Nature de la nature (t. 1), Seuil, 1977, coll. « Points Essais », n° 123, 1981 et 2014

La Vie de la vie (t. 2), Seuil, 1980, coll. « Points Essais », n° 175, 1985 et 2014

La Connaissance de la connaissance (t. 3), Seuil, 1986, coll. « Points Essais », n° 236, 1992 et 2014

Les Idées. Leur habitat, leur vie, leurs mœurs, leur organisation (t. 4), Seuil, 1991, coll. « Points Essais », n° 303, 1995 et 2014

L'Humanité de l'humanité. L'identité humaine (t. 5), Seuil, 2001, coll. « Points Essais », n° 508, 2003 et 2014

*L'*Éthique (t. 6), Seuil, 2004, coll. « Points Essais », n° 555, 2006 et 2014

La Méthode, Seuil, coll. « Opus », 2 vol., 2008

L'Aventure de La Méthode, Seuil, 2015

La pensée complexe

Science avec conscience, Fayard, 1982 ; Seuil, coll. « Points Sciences », n° 564, 1990

Sociologie, Fayard, 1984 ; Seuil, coll. « Points Essais », n° 276, 1994

Introduction à la pensée complexe, ESF, 1990 ; Seuil, coll. « Points Essais », n° 534, 2005 et 2014

La Complexité humaine, Flammarion, coll. « Champs : l'essentiel », n° 189, 1994

Connaissance, ignorance, mystère, Fayard, 2017.

La trinité humaine (individu-espèce-société)

Le Cinéma ou l'Homme imaginaire, essai d'anthropologie sociologique, Éditions de Minuit, 1956

L'Homme et la Mort, Corrêa, 1951 ; Seuil, 1970 ; coll. « Points Essais », 2014

Le Paradigme perdu : la nature humaine, Seuil, 1973 ; coll. « Points Essais », n° 109, 1979 et 2016

Dialogue sur la nature humaine, (avec Boris Cyrulnik), Éditions de l'Aube, coll. « Interventions », 2000 ; rééd. 2004 et 2012, coll. « Aube poche » ; nouvelle éd. illustrée par Patrick Lemaître, Éditions de l'Aube, coll. « Monde en cours », 2015

La tétralogie pédagogique

La Tête bien faite. Repenser la réforme, réformer la pensée, Seuil, 1999

*Relier les connaissances. Le défi du XXI*e *siècle*, Journées thématiques conçues et animées par Edgar Morin, Unesco-Seuil, 1999

Les Sept Savoirs nécessaires à l'éducation du futur, Seuil, 2000 ; rééd. coll. « Points Essais », 2015

Enseigner à vivre : manifeste pour changer l'éducation, Actes Sud/Éditions Play Bac, 2014

L'ère planétaire

Terre-Patrie, (avec Anne-Brigitte Kern), Seuil, 1993 ; coll. « Points Essais », n° 207, 1996 et 2000

Les Enfants du ciel : entre vide, lumière, matière, (avec Michel Cassé), Odile Jacob, 2003

*Pour sortir du XX*e *siècle*, Seuil, coll. « Points Essais », n° 170, 1984 ; édition augmentée d'une préface sous le titre *Pour entrer dans le* XXI*e siècle*, Seuil, coll. « Points Essais », n° 518, 2004

L'Esprit du temps. Essai sur la culture de masse, (2 t.), Grasset, 1962 et 1976 ; nouvelle éd. Armand Colin/Ina, 2008

La Voie : pour l'avenir de l'humanité, Fayard, 2011

Penser global : l'humain et son univers, Éditions Robert Laffont/FMSH Éditions, coll. « Le monde comme il va » et « Interventions », 2015

Ecologiser l'homme, Lemieux éditeur, 2016

Temps présent

La Rumeur d'Orléans, (avec Bernard Paillard, Évelyne Burguière, Claude Capulier, Véronique Nahoum-Grappe et Suzanne de Lusignan), Seuil, 1969 ; coll. « Points Essais », n° 143, 1982, édition augmentée avec *La Rumeur d'Amiens*

Commune en France : la métamorphose de Plozévet, Fayard, 1967 ; LGF, coll. « Biblio-Essais », 1984 et coll. « Pluriel », 2013

Penser l'Europe, Gallimard, 1987 ; coll. « Folio », 1990

Le chemin de l'espérance, (avec Stéphane Hessel), Fayard, 2011

Le Monde moderne et la Condition juive, Seuil, 2006 ; rééd. coll. « Points Essais », 2012

Au péril des idées : les grandes questions de notre temps, (avec Tariq Ramadan), Presses du Châtelet, 2014 ; rééd. Archipole, 2015

Pensée politique

Introduction à une politique de l'homme, Seuil, 1965 ; coll. « Points Politique », n° 29, 1969 ; nouvelle éd., coll. « Points Essais », n° 381, 1999

De la nature de l'URSS. Complexe totalitaire et nouvel Empire, Fayard, 1983 ; rééd.«Pluriel», 2017, sous le titre *Ce que fut le communisme*

Culture et Barbarie européennes, Éditions Bayard, 2005 ; nouvelle éd., *L'Europe à deux visages : humanisme et barbarie*, Lemieux éditeur, 2015

Pour et contre Marx, Temps Présent, 2010 ; rééd. Flammarion, « Champs Actuel », 2012

Ma gauche, François Bourin, 2010

La France une et multiculturelle. Lettres aux citoyens de France, (avec Patrick Singaïny), Fayard, 2012

Où est passé le peuple de gauche ?, Éditions de l'Aube, coll. « Le 1 en livre », 2017

Ma voie

Autocritique, Seuil, 1959 et 2012 ; coll. « Points Essais », n° 283, 1994

Mes démons, Stock, coll. « À vif », 1994 et 2008 ; rééd. Points, coll. « Points », n° 528, 2010

Vidal et les siens, (avec Véronique Nahoum-Grappe et Haïm Vidal Sephiha), Seuil, 1989 et 2015 ; coll. « Points », n° 300, 1996

Amour, poésie, sagesse, Seuil, 1997 ; coll. « Points », 1999

Mon chemin. Entretiens avec Djénane Kareh Tager, Fayard, 2008 ; rééd. Points, coll. « Points Essais », 2011

Edwige, l'inséparable, Fayard, 2009

Mes philosophes, Éditions Germina, coll. « Cercle de philosophie », 2011

Mon Paris, ma mémoire, Fayard, 2013

Mes Berlin : 1945-2013, Le Cherche Midi, 2013

Sur l'esthétique, Éditions Robert Laffont/FMSH Éditions, coll. « Le monde comme il va » et « Interventions », 2016

Journaux

Journal de Californie, Seuil, 1970 ; coll. « Points Essais », n° 151, 1983

Le Vif du sujet, Seuil, 1969 ; coll. « Points Essais », n° 137, 1982

Une année Sisyphe (Journal de la fin du siècle), Seuil, 1995

Pleurer, aimer, rire, comprendre, 1er janvier 1995-31 janvier 1996, Arléa, 1996

Journal (t. 1 et t. 2), Seuil, 2012

Au rythme du monde : un demi-siècle d'articles dans Le Monde, Presses du Châtelet, 2014 ; rééd. Archipoche, 2015

Colloques

L'Unité de l'homme, (avec Massimo Piatelli-Palmarini), Seuil, 1974, coll. « Points Essais », 3 vol., nos 91-93, 1978

Arguments pour une méthode, colloque de Cerisy, Seuil, 1990

Site internet

http://www.iiac.cnrs.fr/CentreEdgarMorin

Site officiel et bibliographie complète établis par le Centre Edgar-Morin

PAPIER À BASE DE
FIBRES CERTIFIÉES

Fayard s'engage pour l'environnement en réduisant l'empreinte carbone de ses livres. Celle de cet exemplaire est de :
0,300 kg éq. CO_2
Rendez-vous sur
www.fayard-durable.fr

Achevé d'imprimer en France
par JOUVE

N° d'impression : 2741862T

27-0923-6/09